AF211452

Lottoglück
Werden Sie Millionär ?

Wer gewinnt und wie können Sie Ihre Gewinnchancen
verbessern? Berechnungen und Statistiken decken auf!

Gewinnspiele sind Spiele wo die Betreiber Geld verdienen, sonst würden Sie es nicht anbieten.

Dieses Buch zeigt Optimierungsmöglichkeiten im Spiel Lotto 6 aus 49, Erfahrungen und Berechnungen des Autors welche zeigen, dass es keine Möglichkeit gibt, das System so zu nutzen, dass man auf Dauer mehr als 50 % von dem einbezahlten Kapital wieder zurück gewinnen kann.

Sollten Sie dieses Buch lesen, um das System mit Optimierungen zu überlisten, dann muß ich Sie hiermit enttäuschen. Es geht nicht!

Nutzen Sie Ihr Geld für bessere Strategien oder lassen Sie Ihrem Glück freien Lauf.

Manfred Bogenschütz

Manfred Bogenschütz

Lottoglück
Werden Sie Millionär ?

Wer gewinnt und wie können Sie Ihre Gewinnchancen
verbessern? Berechnungen und Statistiken decken auf!

Bibliografische Information der Deutschen Nationalbibliothek
Die Deutsche Nationalbibliothek verzeichnet diese Publikation in der
Deutschen Nationalbibliografie;
detaillierte bibliografische Daten sind im Internet über
http://dnb.d-nb.de abrufbar.

© 2010 Manfred Bogenschütz

Satz und Layout: Manfred Bogenschütz
Fotos: Manfred Bogenschütz
Autorenfotos: www.rolandhuebler.de
Herstellung und Verlag:
Books on Demand GmbH, Norderstedt
ISBN 978-3-8391-5198-3

Inhalt

Bild 1:   Berechnungen

„Dieses Buch basiert auf Millionen von eigenen Berechnungen, welche von mir mit bestem Wissen und Gewissen mit Hilfe des PC's und von mir programmierten Macros errechnet wurden!"

Manfred Bogenschütz

1 Einleitung

In meinen bisherigen Büchern habe ich über positives Denken und Handeln geschrieben. Jene Bücher sind vermutlich besser geeignet, Reichtum anzuziehen und erfolgreich zu werden, als verzweifelt zu hoffen, dass mit Lotto Millionengewinne erzielt werden können.

Die Meisten kennen die Chance im Lotto auf 6 Richtige mit ca. 1 : 14.000.000 bzw. mit Superzahl mit ca. 1 : 140.000.000. Die Zahl sieht gar nicht so groß aus aber wenn wir sie genauer betrachten sehen wir, dass wir kaum eine Chance haben, dieses Verhältnis auf unsere Seite zu ziehen.

Vor Jahren habe ich im Radio einen guten Vergleich zu diesem Verhältnis gehört. Es soll in etwa so sein, als wenn man in Berlin ein Streichholz suchen würde. Glauben Sie, Sie würden es finden?

Realistisch ist z.B. auch, dass wenn Sie einen Lottoschein mit 10 Kästchen ausfüllen und diesen ca. 134.600 Jahre bei jeder Ziehung spielen würden, dass Sie dann eine Chance auf 6 Richtige mit Zusatzzahl von 1 : 1 haben. Ich denke mal, keiner von uns wird 134.600 Jahre alt, also kommt diese Strategie für uns nicht in Frage. Außerdem hätten wir in dieser Zeit mehr als doppelt soviel Geld eingesetzt als gewonnen, was wir in späteren Kapiteln noch sehen werden.

Trotzdem die Meisten von uns dies bereits in ähnlicher Weise wissen, versuchen wir unser Glück immer wieder.

Da ich gerne MS Office Macros programmiere und ich über Jahre immer wieder anhand von Statistiken Anderer beeinflusst wurde, dass es gewisse Möglichkeiten zur Verbesserung der Chancen geben würde, habe ich Millionen von Berechnungen durchgeführt mit dem Schluss, es gibt keine Möglichkeit, das System zu überlisten.

Immer wenn ich eine neue Idee hatte, liefen meine Rechner teilweise über mehrere Wochen Tag und Nacht. Einige meiner Ergebnisse sehen Sie im Verlauf dieses Buches.

Ich zeige Ihnen auch Möglichkeiten, wie Sie Ihre Chancen verbessern können. Sehen Sie Ihr Geld als Investition in unseren bankrotten Staat, für gute Zwecke und mit ein wenig Glück gewinnen Sie vielleicht sogar mal. Spielen Sie nie mit Geld, das Sie nicht übrig haben, um es sinnlos zu verschwenden.

Der Autor, Manfred Bogenschütz

„Dieses Buch soll weder zum Spielen animieren, noch davon abhalten.

Da fast alle Spiele staatlich kontrolliert und genehmigt werden, werden unsere Staatsoberhäupter schon wissen, was sie tun, auch wenn ich manchmal so meine Zweifel daran habe.

Jedenfalls füllen Glücksspiele unsere Kassen, ob es nun unsere Geldbörsen oder die Anderer sind, sei dahingestellt.

Ich wünsche Ihnen viel Glück!"

Manfred Bogenschütz

Dieses Buch ist so geschrieben, dass Sie für sich entscheiden können, was Sie mit den Zahlen, Daten und Fakten anfangen.

Die ersten Kapitel sind allgemein über das Thema Lotto 6 aus 49. Es wird dabei allerdings auf das meiste verzichtet, was Sie in den Broschüren der Lottogesellschaften nachlesen können. Sie sollen Ihnen Fakten darlegen und Literaturhinweise zeigen, wo Sie ggf. weitere Informationen über die angesprochenen Themen erfahren.

In späteren Kapiteln werden Berechnungen von mir aufgeführt. Diese Kapitel können Sie immer wieder als Nachschlagewerk benutzen, um Ihre Erfahrungen mit meinen zu vergleichen und um ggf. Optimierungen für sich zu nutzen, sofern Ihnen die Lust am Spielen nicht vergeht.

Im weiteren Verlauf des Buches werden weitere Möglichkeiten aufgezeigt, wie Sie Ihr Geld evtl. besser verwenden können.

Kurz zur Umgangssprache Ihm/Ihr bzw. Mann/Frau. Ich schreibe hier immer von Menschen ohne Berücksichtigung der Anrede. Der Mensch ist in unserem Wortgebrauch männlich und deshalb wird hier meist in der männlichen Form geschrieben. Sie werden sicher verstehen, wer jeweils gemeint ist. Jedes mal beide Geschlechter aufzuführen würde den Fluss des Textes verschlechtern.

Ich habe in diesem Buch keine Listen oder Formulare zur individuellen Bearbeitung aufgeführt, da die meisten Leser diese ohnehin nicht benutzen würden. Es empfiehlt sich aber, sich schon während des Lesens Notizen zu machen, was man künftig tun möchte, um seine Strategien zu verbessern. Es müssen nicht einmal Notizen aus diesem Buch sein, oft fällt einem beim Lesen von Anderen plötzlich eine eigene Idee ein, welche man gerne umsetzen möchte. Wenn Sie diese nicht als Aufgabe notieren, verliert sie meist wieder an Bedeutung oder gerät in Vergessenheit. Deshalb meine Empfehlung, machen Sie sich Notizen, was Sie ab Heute verändern wollen.

Ebenfalls eine wichtige Sache, visualisieren Sie Ihre Wünsche und Ziele, auch in Bezug auf Ihr Glück. Hängen Sie Bilder von den Dingen, welche Sie sich wünschen, sichtbar an die Wand oder wohin Sie wollen. Wichtig dabei ist, dass Sie diese Bilder immer wieder, möglichst täglich sehen. Ihr Unterbewusstsein arbeitet automatisch auf die Erreichung dieser Ziele hin. Dieser Absatz stammt aus meinen früheren Büchern über positives Denken. Die Macht unseres Unterbewusstseins versetzt Berge und kann auch beim Glücksspiel eingesetzt werden.

Haben wir nicht schon öfter von Menschen gehört, die durch einmaliges Lottospiel Millionär wurden? Für mich ist dies durch die Macht derer Unterbewusstsein gelungen. Aber dies darf jeder auch gerne anders sehen. Wenn Sie mehr über dieses Thema erfahren möchten, finden Sie im Anhang verschiedene Bücher darüber.

Bild 2:   Zufall

„Zufall ist nicht zufällig sondern es fällt Dir etwas zu was Du dir im Unterbewusstsein bestellt hast.“

Manfred Bogenschütz

1.1 Zu meinen Statistiken und Berechnungen

Damit ein realistischer Vergleich gewährleistet ist gilt, wenn nichts anderes dabei steht, für alle von mir erstellten Statistiken dieses Buches:

1. Es werden jeweils folgende Berechnungen miteinander verglichen:

   a. Jahresdurchschittlich (104 Ziehungen) á 1000 Felder, dies entspricht einem Einsatz von 78.000 € (bei 0,75 EUR/Feld ohne Gebühr)

   b. Jahresdurchschittlich (104 Ziehungen) á 2000 Felder, dies entspricht einem Einsatz von 156.000 € (bei 0,75 EUR/Feld ohne Gebühr)

   c. Jahresdurchschittlich (104 Ziehungen) á 3000 Felder, dies entspricht einem Einsatz von 234.000 € (bei 0,75 EUR/Feld ohne Gebühr)

   d. Jahresdurchschittlich (104 Ziehungen) á 4000 Felder, dies entspricht einem Einsatz von 312.000 € (bei 0,75 EUR/Feld ohne Gebühr)

   e. Jahresdurchschittlich (104 Ziehungen) á 5000 Felder, dies entspricht einem Einsatz von 390.000 € (bei 0,75 EUR/Feld ohne Gebühr)

   f. Jahresdurchschittlich (104 Ziehungen) á 6000 Felder, dies entspricht einem Einsatz von 468.000 € (bei 0,75 EUR/Feld ohne Gebühr)

   g. Jahresdurchschittlich (104 Ziehungen) á 7000 Felder, dies entspricht einem Einsatz von 546.000 € (bei 0,75 EUR/Feld ohne Gebühr)

   h. Jahresdurchschittlich (104 Ziehungen) á 8000 Felder, dies entspricht einem Einsatz von 624.000 € (bei 0,75 EUR/Feld ohne Gebühr)

   i. Jahresdurchschittlich (104 Ziehungen) á 9000 Felder, dies entspricht einem Einsatz von 702.000 € (bei 0,75 EUR/Feld ohne Gebühr)

   j. Jahresdurchschittlich (104 Ziehungen) á 10000 Felder, dies entspricht einem Einsatz von 780.000 € (bei 0,75 EUR/Feld ohne Gebühr)

2. Die Gewinnklassen I bis III, also 6 Richtige mit Superzahl, 6 Richtige mit Zusatzzahl und 6 Richtige, habe ich nicht mit einfließen lassen, da sie die tatsächlichen Gewinnchancen verfälschen würden. Diese ersten drei Gewinnklassen sind statistisch gesehen zu sehr dem Glückszufall zuzuordnen. Die tatsächlichen Gewinnfälle für diese drei Gewinnklassen werden aber bei den Berechnungen jeweils erwähnt.

3. Ab der Gewinnklasse IV, also 5 Richtige, kann von einer hohen Wahrscheinlichkeit davon ausgegangen werden, dass die Statistiken den tatsächlichen Chancen entsprechen können.

4. Sie finden folgende Symbole, welche in den Berechnungen darauf hinweisen, wie die Zahlen ausgewählt wurden, z.B. jeweils mindestens x kleine und x große Zahlen bei Symbol 1 oder mindestens x gerade und x ungerade Zahlen bei Symbol 2, usw. (x steht für eine variable Zahl die jeweils mit angegeben wird):

1	2	3	4	5	6	7	
8	9	10	11	12	13	14	
15	16	17	18	19	20	21	Symbol 1:
22	23	24	25	26	27	28	kleine und
29	30	31	32	33	34	35	große Zahlen
36	37	38	39	40	41	42	
43	44	45	46	47	48	49	

1	2	3	4	5	6	7	
8	9	10	11	12	13	14	
15	16	17	18	19	20	21	Symbol 2:
22	23	24	25	26	27	28	gerade und
29	30	31	32	33	34	35	ungerade
36	37	38	39	40	41	42	Zahlen
43	44	45	46	47	48	49	

1	2	3	4	5	6	7	
8	9	10	11	12	13	14	
15	16	17	18	19	20	21	Symbol 3:
22	23	24	25	26	27	28	Zahlen
29	30	31	32	33	34	35	links und
36	37	38	39	40	41	42	rechts
43	44	45	46	47	48	49	

1	2	3	4	5	6	7
8	9	10	11	12	13	14
15	16	17	18	19	20	21
22	23	24	25	26	27	28
29	30	31	32	33	34	35
36	37	38	39	40	41	42
43	44	45	46	47	48	49

Symbol 4:
Zahlen
links oben und
rechts unten

1	2	3	4	5	6	7
8	9	10	11	12	13	14
15	16	17	18	19	20	21
22	23	24	25	26	27	28
29	30	31	32	33	34	35
36	37	38	39	40	41	42
43	44	45	46	47	48	49

Symbol 5:
Zahlen
links unten
und
rechts oben

1	2	3	4	5	6	7
8	9	10	11	12	13	14
15	16	17	18	19	20	21
22	23	24	25	26	27	28
29	30	31	32	33	34	35
36	37	38	39	40	41	42
43	44	45	46	47	48	49

Symbol 6:
Zahlen in
Zweierblöcken

1	2	3	4	5	6	7
8	9	10	11	12	13	14
15	16	17	18	19	20	21
22	23	24	25	26	27	28
29	30	31	32	33	34	35
36	37	38	39	40	41	42
43	44	45	46	47	48	49

Symbol 7:
Zahlen in
Zweierblöcken
um 1 versetzt

Bei meinen Berechnungen werden aus statistischen Gründen und um die Vergleichbarkeit zu gewährleisten, jeweils 1000, 2000, 3000, 4000, 5000, 6000, 7000, 8000, 9000 und 10000 Zahlenreihen bzw. Lottofelder ermittelt.

Berechnungen mit weniger als 1000 Zahlenreihen bzw. Feldern sind für eine statistische Auswertung schlecht geeignet. Wir werden sehen, dass selbst bei solch großen Mengen an Zahlenreihen kaum 6 Richtige zu erzielen sind und auf Dauer eine reine Glückssache sind.

Bei den jeweiligen Berechnungen wurden die ermittelten Zahlen nicht mit aufgeführt, da diese den Rahmen eines Buches sprengen würden. Für jede der Berechnungen würden die 10.000 Zahlenreihen je nach Schriftgröße 50 bis 100 Seiten füllen.

Dieses Buch soll kein Lehrbuch für Statistik darstellen, daher wurden auch keine Spezialbegriffe aus der Statistik verwendet. Es soll jedem Leser auf einfache Weise die entsprechenden Berechnungen erklären.

Alle Angaben ohne Gewähr. Bei so vielen Zahlen kann sich auch mal ein Fehler einschleichen.

„Glaube nie einer Statistik, die Du nicht selbst gefälscht hast.“

Allgemeiner Spruch aus der Statistik

1.2   Meine Spielregeln

Ich verzichte in diesem Buch auf die allgemeinen Spielregeln und Teilnahmebedingungen von Lotteriespielen. Diese können Sie jederzeit online im Internet oder bei Ihrer Lottoannahmestelle im aktuellen Stand beziehen.

Hier ein paar Spielregeln, die ich Ihnen persönlich ans Herz lege und für meine Informationen zusätzlich gelten:

- Spielen Sie nie mit Geld, das Ihnen nicht gehört bzw. wofür Sie einen Kredit aufnehmen müssten.

- Spielen Sie nie mit Geld, das Sie oder Ihre Familie anderweitig benötigen.

- Sehen Sie Ihr eingesetztes Spielgeld immer als verloren an und freuen Sie sich, wenn Sie etwas in Form eines Gewinnes zurück erhalten.

- Die in diesem Buch veröffentlichten Zahlen sind von mir erstellte Statistiken und Berechnungen ohne jegliche Gewähr.

- Ich und auch dieses Buch wollen weder jemanden zum Spielen animieren noch davon abhalten. Es soll rein zur Information dienen. Jeder Mensch hat seinen freien Willen und kann mit den Informationen von mir und aus diesem Buch tun und lassen, was er für sich selbst richtig hält und verantworten kann.

Werbung für Lotto wird nicht umsonst immer mehr eingeschränkt. Der Staat verdient zwar sehr viel Geld durch Spiele jeglicher Art, denn es werden beim Lotto z.B. nur Maximal 50% des eingesetzten Kapitals ausgeschüttet. Trotzdem der Staat das meiste davon abschöpft, möchte er damit seine Bürger vor finanziellem Ruin schützen.

Spielen kann süchtig machen und auch das weiß der Staat. Verbieten tut er Glücksspiele nicht, vermutlich weil die Gewinneinnahmen aus Spielen eine der besten Einnahmequellen ist.

Hier ein Ausschnitt aus dem Hamburger Abendblatt vom 9. Oktober 2006 mit der Überschrift „Das Spiel mit den Milliarden - Wohin fließen die Lotto-Einnahmen?

„Lotto macht nicht bloß die Tipper glücklich – die Hälfte der Einnahmen geht an den Staat. Dabei variieren die Abgaben: Auch Lotterierecht ist Ländersache.

Lottoglück – Werden Sie Millionär?

Hamburg. Nur die Hälfte der Lotto-Einnahmen in Deutschland wird als Gewinn an die Tipper ausgeschüttet. Der milliardenschwere Rest geht an den Staat, die Annahmestellen oder bleibt in den Kassen der 16 Landes-Lottogesellschaften, die sich zum Deutschen Lotto- und Totoblock (DLTB) zusammengeschlossen haben.

Da das Lotterierecht in Deutschland in die Zuständigkeit der Länder fällt, variieren die prozentualen Abgaben von Land zu Land. Durchschnittlich 7,5 Prozent der Umsätze gehen als Provision an die Annahmestellen, etwa 2,8 Prozent werden für die Finanzierung der Verwaltung zurückbehalten. Den Ländern sichert die Lotteriesteuer 16,67 Prozent der Einnahmen aus dem Lottogeschäft.

Hinzu kommen im Schnitt etwa 23 Prozent zweckgebundene Konzessionsabgaben für die Förderung von Kultur, Sport, Umwelt und Jugend, die ebenfalls an die Finanzministerien der Länder überwiesen werden. Auf diesem Weg nahm beispielsweise Baden-Württemberg im Jahr 2005 insgesamt 435 Millionen Euro ein.

Etwa 25 Millionen Teilnehmer beteiligten sich vergangenes Jahr bundesweit an Spielen der Lotto-Gesellschaften, 62 Prozent aller Einsätze entfielen auf das seit 1955 existierende Zahlenlotto "6 aus 49". Insgesamt brachten die Tipper Einsätze in Höhe von rund fünf Milliarden Euro in die Annahmestellen. Ein Jahr zuvor waren es noch 5,4 Milliarden gewesen. Der Rekordeinsatz bei einer Ziehung lag nach Angaben der Land Brandenburg Lotto GmbH 1994 angesichts eines damals mit umgerechnet knapp 22 Millionen Euro gefüllten Jackpots bei umgerechnet 176,6 Millionen Euro.

78 Spieler konnten sich im vergangenen Jahr über Gewinne in Millionenhöhe freuen. Wie viel der einzelne jeweils ausgezahlt bekommt, hängt von der Zahl richtiger Tipps ab. Je mehr Gewinner es bei einer Ziehung gibt, desto geringer wird die Quote. Sollte ein Jackpot bei 14 Ziehungen in Serie nicht geknackt werden, folgt eine Zwangsausschüttung. Dabei geht der Gewinn auf die nächst niedrigere Gewinnklasse über, also etwa einen Tipp mit sechs Richtigen ohne die richtige Superzahl. Einen solchen Fall gab es bislang aber nicht.dpa"

Ich möchte noch hinzufügen, dass der Staat von dem eingesetzten Geld bereits Einkommensteuer von durchschnittlich ca. 20% kassiert hat, ganz zu schweigen von sonstigen Abgaben. Dies lesen Sie sonst nirgends.

„Ist doch alles für uns, wir sind doch der Staat, oder?"

Manfred Bogenschütz

2 Wissenswertes über Lotto 6 aus 49

In diesem Kapitel möchte ich Ihnen Informationen und Zusammenfassungen über Lotto 6 aus 49 zeigen, welche Sie in dieser Form sonst eher kaum finden.

Allgemeine Informationen über Lotto 6 aus 49 finden Sie im Internet oder bei allen Lottoannahmestellen.

Bild 3:   Glückssymbole

„Denken Sie sich ganzheitlich glücklich und Reich!"
Manfred Bogenschütz

17

2.1   Der Staat gewinnt immer

Hier finden Sie die Gewinnverteilung der gesamten Lottoeinnahmen von 6 aus 49 in Deutschland.

50% erhalten die Spieler als Gewinne zurück, davon

    5 % auf Gewinnklasse I

    4 % auf Gewinnklasse II

    2,5 % auf Gewinnklasse III

    6,5 % auf Gewinnklasse IV

    1 % auf Gewinnklasse V

    5 % auf Gewinnklasse VI

    4 % auf Gewinnklasse VII

    22 % auf Gewinnklasse VIII

50 % werden nicht an die Spieler ausgeschüttet, davon

    23 % für Soziale und kulturelle Projekte

    16,67 % für Haushalte des Länder

    7,5 % für Provision der Annahmestellen

    2,8 % für Verwaltungsaufwand der Lottogesellschaften

    0,03 % konnte ich nicht finden

Auf der folgenden Seite finden Sie die dazugehörige Grafik.

Wie Sie sehen, Gewinnt der Staat immer seinen gewaltigen Anteil auch ohne einen Cent dabei zu investieren. Wenn wir nun noch die Steuern, welche wir für unsere Einkommen bezahlen, ohne die ein Mitspielen gar nicht möglich wäre, dann holt sich der Staat noch viel mehr als hier erwähnt. Auf eine Berechnung hierfür verzichte ich, da diese ein eigenes Buch füllen würde. Außerdem kassieren mit jedem Spiel indirekt auch die Sozialversicherungsträger, Kirchen, etc. mit, wenn man die Sache noch ausweiten würde. Denn mit jedem Spiel müssen Sie mehr verdienen, sonst könnten Sie den Einsatz nicht bezahlen. Mit jeder Mehreinnahme auch mehr Sozialabgaben, usw. Lassen wir es an dieser Stelle einfach mal so stehen.

50 % Gewinnausschüttung   **50 % Für sonstige Zwecke**

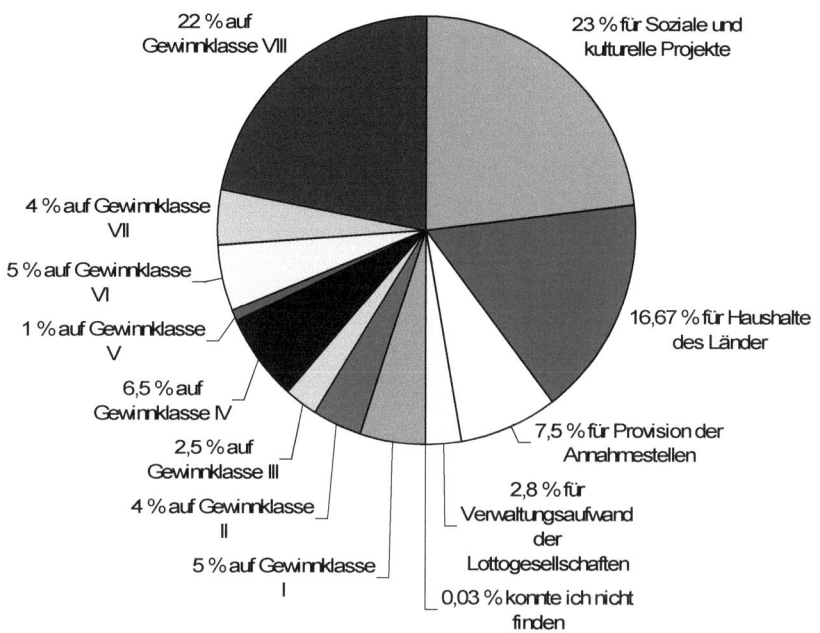

22 % auf
Gewinnklasse VIII

23 % für Soziale und
kulturelle Projekte

4 % auf Gewinnklasse
VII

5 % auf Gewinnklasse
VI

1 % auf Gewinnklasse
V

6,5 % auf
Gewinnklasse IV

2,5 % auf
Gewinnklasse III

4 % auf Gewinnklasse
II

5 % auf Gewinnklasse
I

16,67 % für Haushalte
des Länder

7,5 % für Provision der
Annahmestellen

2,8 % für
Verwaltungsaufwand
der
Lottogesellschaften

0,03 % konnte ich nicht
finden

Grafik 1:   Der Staat gewinnt immer - Gewinnausschüttung

"Erstens ist es gut, daß wir die Glücksspiele in staatlicher Hand halten und dadurch Kontrolle ausüben. Zweitens ist es gut, daß wir dadurch Einnahmen haben."

Faltlhauser Bayerische Finanzminister

2.2 Kombinationsmöglichkeiten 6 aus 49

Der nachfolgenden Tabelle entnehmen Sie die Anzahl aller Kombinationsmöglichkeiten beim Einsatz von 6 bis 49 Zahlen incl. der Wahrscheinlichkeit auf 6 Richtige und des Kapitaleinsatzes, wenn alle möglichen Kombinationen gespielt würden.

Zahlen	Kombinations- Möglichkeiten	Wahrscheinlichkeit auf 6 Richtige bei Einsatz aller Kombinationen	Kapitaleinsatz ohne Gebühren (Stand 01.01.2010)
6	1	0,0000072%	0,75 €
7	7	0,0000501%	5,25 €
8	28	0,0002002%	21,00 €
9	84	0,0006007%	63,00 €
10	210	0,0015017%	157,50 €
11	462	0,0033038%	346,50 €
12	924	0,0066076%	693,00 €
13	1.716	0,0122713%	1.287,00 €
14	3.003	0,0214748%	2.252,25 €
15	5.005	0,0357914%	3.753,75 €
16	8.008	0,0572662%	6.006,00 €
17	12.376	0,0885023%	9.282,00 €
18	18.564	0,1327535%	13.923,00 €
19	27.132	0,1940243%	20.349,00 €
20	38.760	0,2771776%	29.070,00 €
21	54.264	0,3880486%	40.698,00 €
22	74.613	0,5335668%	55.959,75 €
23	100.947	0,7218845%	75.710,25 €
24	134.596	0,9625127%	100.947,00 €
25	177.100	1,2664640%	132.825,00 €
26	230.230	1,6464032%	172.672,50 €
27	296.010	2,1168042%	222.007,50 €
28	376.740	2,6941144%	282.555,00 €
29	475.020	3,3969268%	356.265,00 €
30	593.775	4,2461586%	445.331,25 €
31	736.281	5,2652366%	552.210,75 €

Zahlen	Kombinations- Möglichkeiten	Wahrscheinlichkeit auf 6 Richtige bei Einsatz aller Kombinationen	Kapitaleinsatz ohne Gebühren (Stand 01.01.2010)
32	906.192	6,4802912%	679.644,00 €
33	1.107.568	7,9203559%	830.676,00 €
34	1.344.904	9,6175751%	1.008.678,00 €
35	1.623.160	11,6074182%	1.217.370,00 €
36	1.947.792	13,9289018%	1.460.844,00 €
37	2.324.784	16,6248183%	1.743.588,00 €
38	2.760.681	19,7419717%	2.070.510,75 €
39	3.262.623	23,3314211%	2.446.967,25 €
40	3.838.380	27,4487307%	2.878.785,00 €
41	4.496.388	32,1542274%	3.372.291,00 €
42	5.245.786	37,5132653%	3.934.339,50 €
43	6.096.454	43,5964976%	4.572.340,50 €
44	7.059.052	50,4801551%	5.294.289,00 €
45	8.145.060	58,2463328%	6.108.795,00 €
46	9.366.819	66,9832827%	7.025.114,25 €
47	10.737.573	76,7857143%	8.053.179,75 €
48	12.271.512	87,7551020%	9.203.634,00 €
49	13.983.816	100,0000000%	10.487.862,00 €

Tabelle 1: Kombinationsmöglichkeiten 6 aus 49

Die ersten sieben Reihen werden in Form der Vollsysteme der Lottogesellschaften angeboten, daher wird auf die Vollsysteme hier nicht weiter eingegangen.

Auf der nachfolgenden Seite ist die Grafik für diese Kombinationsmöglichkeiten dargestellt. Sie sehen, wie die Kombinationsmöglichkeiten quadratisch zur Anzahl der verwendeten Zahlen ansteigen und daraus folgernd die Gewinnchancen pro 6er-Zahlenkombination logarithmisch fallen.

Die Superzahl wurde bei diesen Kombinationsmöglichkeiten außer acht gelassen. Da es 10 mögliche Superzahlen gibt, 0-9, können Sie die hierfür möglichen Kombinationen einfach mit 10 multiplizieren. Daher kommt die Wahrscheinlichkeit von 1 : **139.838.160 pro 6er Zahlenkombination für 6**

Richtige mit Superzahl. Die meisten kennen diese Wahrscheinlichkeit von ca. 1 : 140 Millionen aus Funk und Fernsehen.

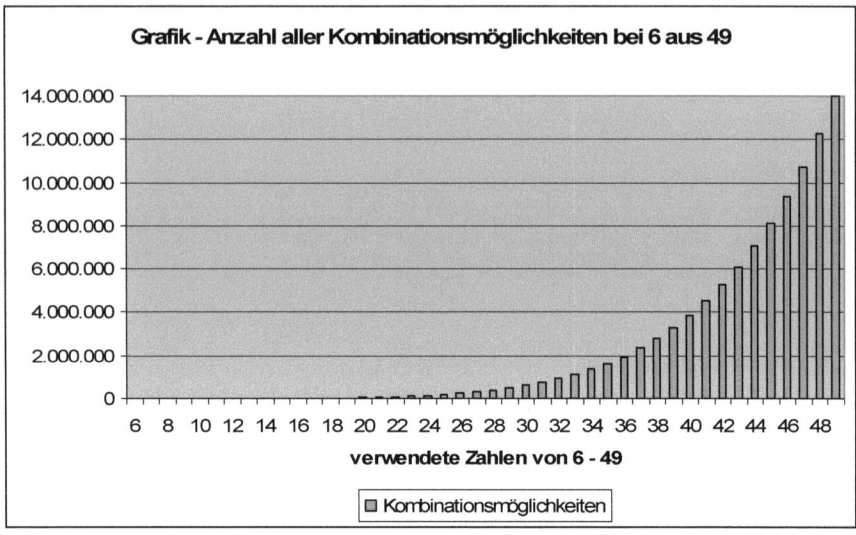

Grafik 2:   *Anzahl aller Kombinationsmöglichkeiten*

"Lotto ist eine Steuer für Leute, die schlecht in Mathe sind"

Unbekannter Autor „Lenchen" aus dem Internet

2.3   VEW-Systeme

Die Lottogesellschaften bieten über VEW-Systeme ("Verkürzte Engere Wahl") die Möglichkeit, durch vorgefertigte Zahlenkombinationen mit einer begrenzten Anzahl an Zahlen nach deren Systematik zu spielen.

Ich verzichte hier auf die genaue Beschreibung der einzelnen Systeme, da diese überall im Internet oder bei den Lottoannahmestellen zu beziehen sind.

Eine Zusammenstellung bzw. Berechnung, wie Sie diese sonst kaum finden werden, stelle ich hier dar.

Das VEW-System 609 spielt mit 9 Zahlen und einem Einsatz von 9,00 EUR 12 von 84 möglichen Kombinationen aus 13983816 Zahlenkombinationsmöglichkeiten bei 6 aus 49, dies bedeutet eine Gewinnchance auf 6 Richtige von 0,00009 %. Um mit diesem System eine Gewinnchance auf 6 Richtige von 100 % zu erreichen, müsste dieses System kontinuierlich etwa 11205 Jahre á 104 Ziehungen gespielt werden.

Das VEW-System 710 spielt mit 10 Zahlen und einem Einsatz von 11,25 EUR 15 von 210 möglichen Kombinationen aus 13983816 Zahlenkombinationsmöglichkeiten bei 6 aus 49, dies bedeutet eine Gewinnchance auf 6 Richtige von 0,00011 %. Um mit diesem System eine Gewinnchance auf 6 Richtige von 100 % zu erreichen, müsste dieses System kontinuierlich etwa 8964 Jahre á 104 Ziehungen gespielt werden.

Das VEW-System 612 spielt mit 12 Zahlen und einem Einsatz von 16,50 EUR 22 von 924 möglichen Kombinationen aus 13983816 Zahlenkombinationsmöglichkeiten bei 6 aus 49, dies bedeutet eine Gewinnchance auf 6 Richtige von 0,00016 %. Um mit diesem System eine Gewinnchance auf 6 Richtige von 100 % zu erreichen, müsste dieses System kontinuierlich etwa 6112 Jahre á 104 Ziehungen gespielt werden.

Das VEW-System 610 spielt mit 10 Zahlen und einem Einsatz von 22,50 EUR 30 von 210 möglichen Kombinationen aus 13983816 Zahlenkombinationsmöglichkeiten bei 6 aus 49, dies bedeutet eine Gewinnchance auf 6 Richtige von 0,00021 %. Um mit diesem System eine Gewinnchance auf 6 Richtige von 100 % zu erreichen, müsste dieses System kontinuierlich etwa 4482 Jahre á 104 Ziehungen gespielt werden.

Das VEW-System 711 spielt mit 11 Zahlen und einem Einsatz von 49,50 EUR 66 von 462 möglichen Kombinationen aus 13983816 Zahlenkombinationsmöglichkeiten bei 6 aus 49, dies bedeutet eine Gewinnchance auf 6 Richtige von 0,00047 %. Um mit diesem System eine Gewinnchance auf 6 Richtige von 100 % zu erreichen, müsste dieses System kontinuierlich etwa 2037 Jahre á 104 Ziehungen gespielt werden.

Das VEW-System 622 spielt mit 22 Zahlen und einem Einsatz von 57,75 EUR 77 von 74613 möglichen Kombinationen aus 13983816 Zahlenkombinationsmöglichkeiten bei 6 aus 49, dies bedeutet eine Gewinnchance auf 6 Richtige von 0,00055 %. Um mit diesem System eine Gewinnchance auf 6 Richtige von 100 % zu erreichen, müsste dieses System kontinuierlich etwa 1746 Jahre á 104 Ziehungen gespielt werden.

Das VEW-System 616 spielt mit 16 Zahlen und einem Einsatz von 84,00 EUR 112 von 8008 möglichen Kombinationen aus 13983816 Zahlenkombinationsmöglichkeiten bei 6 aus 49, dies bedeutet eine Gewinnchance auf 6 Richtige von 0,00080 %. Um mit diesem System eine Gewinnchance auf 6 Richtige von 100 % zu erreichen, müsste dieses System kontinuierlich etwa 1201 Jahre á 104 Ziehungen gespielt werden.

Das VEW-System 626 spielt mit 26 Zahlen und einem Einsatz von 97,50 EUR 130 von 230230 möglichen Kombinationen aus 13983816 Zahlenkombinationsmöglichkeiten bei 6 aus 49, dies bedeutet eine Gewinnchance auf 6 Richtige von 0,00093 %. Um mit diesem System eine Gewinnchance auf 6 Richtige von 100 % zu erreichen, müsste dieses System kontinuierlich etwa 1034 Jahre á 104 Ziehungen gespielt werden.

Das VEW-System 712 spielt mit 12 Zahlen und einem Einsatz von 99,00 EUR 132 von 924 möglichen Kombinationen aus 13983816 Zahlenkombinationsmöglichkeiten bei 6 aus 49, dies bedeutet eine Gewinnchance auf 6 Richtige von 0,00094 %. Um mit diesem System eine Gewinnchance auf 6 Richtige von 100 % zu erreichen, müsste dieses System kontinuierlich etwa 1019 Jahre á 104 Ziehungen gespielt werden.

Was soll ich zu diesen VEW-Systemen noch sagen. Machen Sie sich einfach Ihr eigenes Bild darüber.

Als ich mir die VEW-Systeme oberflächlich angeschaut habe, dachte ich es wäre eine gute Alternative auf bessere Gewinnchancen.

Mir persönlich gefallen die Kombinationen nicht, welche dabei gespielt werden. Ich stelle keine gute Verteilung der Zahlen fest. Zum Beispiel finden Sie in den VEW-Systemen keine Kombination, welche jede zweite gespielte Zahl auswählt, dafür aber in jedem Spiel die ersten und letzten Zahlen in Kombination und viele weitere Mehrfachblöcke, d.h. mehrere der getippten Zahlen hintereinander. Macht das Sinn? Ich wünsche mir jedenfalls eine bessere Verteilung.

Hier ein Beispiel:

Wenn ich die Zahlen 1,2,3,4,5,6,7,8,9,10,11,12 im VEW-System 612 spielen würde, dann wählt das System beispielsweise die Kombinationen 1,2,3,4,5,6 und 7,8,9,10,11,12 und weitere 20 Möglichkeiten aber nicht die Kombinationen 1,3,5,7,9,11 oder 2,4,6,8,10,12, was ich für eine gleichmäßige Verteilung halten und mir wünschen würde.

2.4 Durchschnittliche Gewinnausschüttung

In diesem Kapitel möchte ich Ihnen zeigen, wie sich die reale durchschnittliche Gewinnausschüttung ohne die ersten drei Gewinnklassen v. 30.12.2008 bis 31.12.2009 verhalten hat. Siehe auch Kapitel „Zu meinen Statistiken in diesem Buch".

Wir erreichen mit normalem Spielen mit diesen fünf Klassen durchschnittlich ca. 40 % unseres Einsatzes zurück.

Diese Statistik wird in späteren Kapiteln als Vergleichsstatistik verwendet wenn es darum geht, wie wir unsere Gewinnchancen verbessern können.

Hier erst die Tabelle, auf der folgenden Seite sehen Sie die dazugehörige Grafik.

Sollten Sie diese Statistik noch nicht verstehen, ist es nicht weiter schlimm. Im Verlauf der späteren Vergleichsstatistiken können Sie auf diese Statistik zurückkommen und diese dann besser zuordnen zu können.

Reale Gewinnverteilung 30.12.2008 bis 31.12.2009 der Gewinnklassen I bis V (Einsatz-/Gewinn-Verhältnis)

Einsatz	5er	4er+ZZ	4er	3er+ZZ	3er	Gesamt
78.000,00 €	5.884,06 €	879,61 €	4.181,04 €	3.331,83 €	17.750,97 €	32.027,52 €
156.000,00 €	11.768,13 €	1.759,21 €	8.362,08 €	6.663,67 €	35.501,95 €	64.055,03 €
234.000,00 €	17.652,19 €	2.638,82 €	12.543,12 €	9.995,50 €	53.252,92 €	96.082,55 €
312.000,00 €	23.536,26 €	3.518,42 €	16.724,17 €	13.327,33 €	71.003,90 €	128.110,07 €
390.000,00 €	29.420,32 €	4.398,03 €	20.905,21 €	16.659,16 €	88.754,87 €	160.137,59 €
468.000,00 €	35.304,38 €	5.277,63 €	25.086,25 €	19.991,00 €	106.505,84 €	192.165,10 €
546.000,00 €	41.188,45 €	6.157,24 €	29.267,29 €	23.322,83 €	124.256,82 €	224.192,62 €
624.000,00 €	47.072,51 €	7.036,84 €	33.448,33 €	26.654,66 €	142.007,79 €	256.220,14 €
702.000,00 €	52.956,58 €	7.916,45 €	37.629,37 €	29.986,49 €	159.758,76 €	288.247,66 €
780.000,00 €	58.840,64 €	8.796,05 €	41.810,41 €	33.318,33 €	177.509,74 €	320.275,17 €

Tabelle 2: Durchschnittlich ausgeschüttete Gewinne v. 30.12.2008 bis 31.12.2009

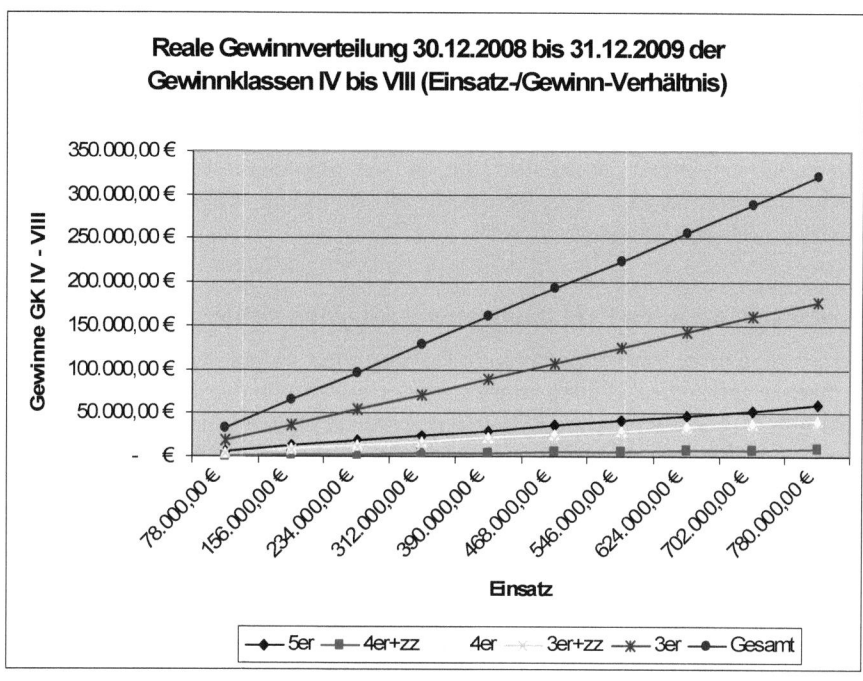

Grafik 3:   Durchschnittlich ausgeschüttete Gewinne v. 30.12.2008 bis 31.12.2009

Die Gewinne der Gewinnklassen I-III sind in der Tabelle und Grafik nicht aufgeführt, da sie mit weit weniger als 1% eine zu geringe Wahrscheinlichkeit haben und weil sie dadurch die Statistik verfälschen würden.

Der Gesamtspieleinsatz in o.g. Zeitraum lag bei 4.322.306.816,25 EUR, die Gewinnauszahlung aller Gewinnklassen mit 51% bei 2.210.392.093,51 EUR.

In der Vergleichsstatistik im Kapitel 3.9 meiner Berechnungen wird diese Berechnung unter dem Namen „R1: Reale Gewinne 2009 = Reale Ausschüttung 30.12.2008-31.12.2009" aufgeführt.

„Mach Andere glücklich!"

Manfred Bogenschütz

2.5 Lottostatistiken und Vorhersagen

Im nächsten Kapitel zeige ich Ihnen ein paar meiner Berechnungen.

Hier möchte ich erst einmal auf die ganzen Statistiken und Vorhersagen, welche im Internet und von verschiedenen Menschen immer wieder publik gemacht werden, eingehen.

Die am seltensten und am häufigsten gezogenen Zahlen

Wenn Sie sich die veröffentlichten Statistiken über die am seltensten und am häufigsten gezogenen Zahlen immer wieder anschauen, stellen Sie fest, dass alle Zahlen in etwa gleich oft gezogen werden. Dies ist eine ganz normale statistische Verteilung. Natürlich verschieben sich diese am seltensten und am häufigsten gezogenen Zahlen ständig. Wir können also aus dieser Statistik nicht ableiten, welche Zahlen künftig eher gezogen werden könnten. Jede Zahl hat bei jeder Ziehung die gleichen Chancen, gezogen zu werden.

Wie oft wurden welche Zahlen gezogen und welche Zahlen wurden am längsten nicht gezogen

Auch hier gilt dasselbe wie bei den am seltensten und am häufigsten gezogenen Zahlen. Man kann nicht ableiten, dass Zahlen, die bisher öfters oder weniger oft gezogen wurden, in der nächsten Ziehung Vorrang hätten. Jede Zahl hat bei jeder Ziehung die gleichen Chancen, gezogen zu werden.

Oft wird eine Zahl aus der letzten Ziehung wieder gezogen

Wenn wir von 7 gezogenen Zahlen incl. der Zusatzzahl ausgehen, ist dies genau ein siebtel der 49 Lottozahlen. Auch greift wieder der Sachverhalt, dass jede Zahl bei jeder Ziehung die gleichen Chancen hat. Da die sieben Zahlen der letzten Ziehung ein siebtel der gesamten Zahlen sind, ist es sehr wahrscheinlich, dass eine dieser sieben Zahlen wieder gezogen wird. Dies entspricht einer ganz normalen Verteilung innerhalb der 49 Zahlen.

 Kleine und große Zahlen

Die Statistiken zeigen, dass bei 7 gezogenen Zahlen mindestens 2 kleine und mindestens 2 große Zahlen mit einer Wahrscheinlichkeit von ca. 90% gezogen werden. Auch diese ist eine ganz normale statistische Verteilung wobei jede Zahl bei jeder Ziehung die gleichen Chancen hat. Trotzdem habe ich für diese Statistik dieses Symbol kreiert weil ich bei meinen Berechnungen im nächsten Kapitel diese Statistik mit berücksichtige, um eine gleichmäßigere Verteilung der Zahlen gewährleisten zu können. Eine Ableitung für künftige Ziehungen ist nicht möglich.

 Gerade und ungerade Zahlen

Die Statistiken zeigen, dass bei 7 gezogenen Zahlen mindestens 2 gerade und mindestens 2 ungerade Zahlen mit einer Wahrscheinlichkeit von ca. 90% gezogen werden. Auch dies ist eine ganz normale statistische Verteilung wobei jede Zahl bei jeder Ziehung die gleichen Chancen hat. Trotzdem habe ich für diese Statistik dieses Symbol kreiert weil ich bei meinen Berechnungen im nächsten Kapitel diese Statistik mit berücksichtige, um eine gleichmäßigere Verteilung der Zahlen gewährleisten zu können. Eine Ableitung für künftige Ziehungen ist nicht möglich.

  Zwillinge als Zahlenpaare

Statistiken zeigen dass bei ca. 50% der Ziehungen Zahlenpaare gezogen werden. Drillinge und mehr liegen bei 1% und weniger, weshalb ich diese in meinen Berechnungen herausgenommen habe. Auch hier liegt eine ganz normale Verteilung vor, denn Zahlenreihen mit einem Zwillingspaar gibt es bei den ca. 14.000.000 möglichen Kombinationen ca. 50%, Drillinge und mehr eben ca. 1% und weniger. Also auch hier ist eine Ableitung für künftige Ziehungen nicht möglich. Trotzdem habe ich für diese Statistik diese beiden Symbole kreiert weil ich bei meinen Berechnungen im nächsten Kapitel diese Statistiken mit berücksichtige, um eine gleichmäßigere Verteilung der Zahlen gewährleisten zu können.

 Links und Rechts

Diese Statistik habe ich noch nirgends gesehen. Für mich ist diese Verteilung allerdings wie „kleine und große Zahlen" und ich habe deshalb für diese Statistik dieses Symbol kreiert weil ich bei meinen Berechnungen im nächsten Kapitel diese Statistik mit berücksichtige, um eine gleichmäßigere Verteilung der Zahlen gewährleisten zu können. Für mich zeigt diese Statistik, dass bei 7 gezogenen Zahlen mindestens 2 Links und mindestens 2 Rechts mit einer Wahrscheinlichkeit von ca. 90% gezogen werden. Auch diese ist eine ganz normale statistische Verteilung wobei jede Zahl bei jeder Ziehung die gleichen Chancen hat.

  Links oben, rechts unten und rechts oben, links unten

Auch diese Statistiken habe ich noch nirgends gesehen. Für mich sind auch diese Verteilungen wie „kleine und große Zahlen" oder „Links und Rechts" und ich habe deshalb für diese Statistiken diese Symbole kreiert weil ich bei meinen Berechnungen im nächsten Kapitel diese Statistiken mit berücksichtige, um eine gleichmäßigere Verteilung der Zahlen gewährleisten zu können. Für mich zeigt diese Statistik, dass bei 7 gezogenen Zahlen mindestens jeweils 2 links oben, 2 rechts unten, 2 rechts oben und mindestens 2 links unten mit einer Wahrscheinlichkeit von ca. 80% gezogen werden. Auch dies ist eine ganz normale statistische Verteilung wobei jede Zahl bei jeder Ziehung die gleichen Chancen hat.

Selten getippte Zahlen

Hierfür gibt es ein eigenes Kapitel.

Weitere Statistiken und Vorhersagen

Es gibt noch viele Möglichkeiten von statistischen Auswertungen und Vorhersagen. Da wir aus all diesen Statistiken und Vorhersagen nicht ableiten können, welche Zahlen künftig eher gezogen werden könnten, verzichte ich hier auf weitere Auflistungen.

„Jede Zahl hat bei jeder Ziehung die gleichen Chancen, gezogen zu werden, als jede andere Zahl!"

Manfred Bogenschütz

„Ist Ihnen die Lust am Lotto schon vergangen oder wollen Sie jetzt erst recht wissen, ob Sie eine Chance auf einen Millionengewinn haben?"

Lottoglück
Werden Sie Millionär ?

„Ab jetzt folgen Berechnungen und statistische Auswertungen, welche meine PC's in vielen Jahren zum Teil rund um die Uhr durch Millionen von Berechnungsschritten ausgewertet haben."

Manfred Bogenschütz

3 Berechnungen zur Gewinnoptimierung

Ich habe in den letzten 25 Jahren viele Möglichkeiten im Lotto 6 aus 49 ausprobiert.

Normales Lottospiel mit jeweils 6 Zahlen, verschiedene VEW-Systeme und viele eigene Optimierungen aus statistischen Erkenntnissen aus früheren Ziehungen. Dabei habe ich sehr viel Geld eingesetzt und verloren.

Ich habe in all den Jahren und vor allem seit es den PC gibt, immer wieder Berechnungen zur Verbesserung meiner Gewinnchancen durchgeführt. Immer wieder musste ich feststellen, dass es keine Gewinnoptimierung gibt, denn die Statistik besagt und behält damit Recht, dass alle Zahlen bei jeder Ziehung dieselbe Chance haben und ungleichmäßig verteilt gezogen werden.

In diesem Kapitel möchte ich Ihnen ein paar meiner Berechnungen vorstellen. Dabei wird in keiner dieser Berechnungen ein Gewinn von mehr als 50 % des eingesetzten Kapitals auf Dauer erreicht.

„Eine Vorhersage für künftige Ziehungen Aufgrund statistischer Auswertungen der Vergangenheit ist zwar möglich aber sie wird nur durch Zufall eintreffen!"

Manfred Bogenschütz

3.1 Vorhersagenauswertungen

Ich habe Vorhersagen vom Internet über Jahre hinweg miteinander verglichen und verschiedene Kombinationen, welche am Vielversprechendsten waren, zusammengesetzt.

Zwei davon möchte ich Ihnen hier kurz vorstellen.

1. Kombination aus

- Welche seltensten Zahlen wurden am längsten nicht ermittelt?
- Welche häufigsten Zahlen wurden am längsten nicht ermittelt?
- Welche Lottozahlen sind laut Intervall dran?
- Kombination aus den vorherigen Zahlen!

2. Kombination aus 4 unterschiedlichen Voraussage-Quellen im Internet

- Voraussage Quelle 1
- Voraussage Quelle 2
- Voraussage Quelle 3
- Voraussage Quelle 4

Aus jeder der oben genannten Statistiken bzw. Voraussagen wurden die 10 zutreffendsten Zahlen für zwei Berechnung verwendet und davon jeweils die 22 Zahlen ausgewählt, welche am häufigsten vorkommen. Diese 22 Zahlen wurden bei jeder Ziehung über ca. 1 Jahr neu ermittelt und im VEW-System 622 eingesetzt. Es wurden oft 4 und 5 Richtige mit diesen Berechnungen erreicht aber wie Sie im VEW-System 622 sehen können, werden nur 77 von 74613 möglichen Kombinationen mit diesem System gespielt und diese noch dazu in für mich nicht idealer Verteilung. Dadurch wurden insgesamt keine 5 Richtigen erzielt. Die Gewinne lagen durchschnittlich unter 50 % des eingesetzten Kapitals. Dadurch, dass bei dieser Methode für jede Ziehung eine neue Berechnung notwendig war ist auch der Aufwand viel zu groß.

"Wie die Wettervorhersagen!"

Manfred Bogenschütz

3.2   Kombinationen mit VEW System 622

Wenn man 4 Zahlenblöcke mit jeweils 11 willkürlichen Zahlen nimmt und jeweils zwei miteinander kombiniert, dann ergeben sich 6 x 22 Zahlen. Folgende Kombinationen sind möglich
1+2, 1+3, 1+4, 2+3, 2+4, 3+4.

Beispiel der vier Zahlenblöcke (jede andere Kombination ist möglich):

Zahlenblock 1	1	5	9	13	17	21	25	29	33	37	41
Zahlenblock 2	2	6	10	14	18	22	26	30	34	38	42
Zahlenblock 3	3	7	11	15	19	23	27	31	35	39	43
Zahlenblock 4	4	8	12	16	20	24	28	32	36	40	44

Vernachlässigte Zahlen hierbei wären 45, 46, 47, 48, 49

Diese bzw. andere vernachlässigten fünf Zahlen müssen bei dieser Strategie ausbleiben. Die Wahrscheinlichkeit, dass eine dieser fünf Zahlen vorkommt liegt zwar sehr nahe, denn wir haben ja bereits gesehen, dass bei sieben Zahlen z.b. der vorherigen Ziehung die Chance fast bei 100 % liegt, dass eine davon gezogen wird, aber 6 Richtige zu haben ist ohnehin kaum möglich, also können wir das Risiko gut und gerne eingehen und fünf Zahlen unserer Wahl vernachlässigen, um auf 5 Richtige und etwas Glück zu hoffen.

Wenn nun eine optimale statistische Verteilung in den vier Zahlenblöcken erfolgt, was die schlechteste Variante darstellt (außer es sind mehr als eine Zahl in den vernachlässigten Zahlen ermittelt worden), haben wir bei sieben Zahlen in zwei dieser Blöcke zwei Gewinnzahlen. Eine Kombination dieser beiden Blöcke würde also mind. 3 Richtige mit Zusatzzahl oder 4 Richtige ergeben. Je mehr Zahlen in nur einem oder zwei dieser 4 Zahlenblöcke ermittelt werden würden, desto größer die Gewinnchancen.

Dadurch, dass im VEW-System 622 nur 77 von 74613 möglichen Kombinationen mit diesem System gespielt werden, braucht es wieder ein gewisses Quantum an Glück, um realistische Gewinne zu erzielen. Mit diesem System habe ich bereits zweimal 5 Richtige erreicht, aber trotz allem, durch den hohen Einsatz werden auch hier auf Dauer keine Gewinne über 50% erzielt.

3.3 Berechnung willkürlicher Zahlen

Bei dieser Berechnung werden aus 13.983.816 möglichen sechser Zahlenkombinationen 10.000 willkürlich vom PC ausgewählte Kombinationen ausgewählt. Keine der verwendeten Kombinationen wird doppelt verwendet.

Wie Sie der Tabelle und der Grafik entnehmen können, verhalten sich die Gewinne linear zum Einsatz. 78.000,00 € entsprechen 1000 Felder im Lotto 6 aus 49 ohne die Lottoscheingebühr. Die Schritte sind jeweils 1000 Felder so dass 780.000,00 € 10.000 Felder entsprechen.

Gewinnverteilung bei Auswertung willkürlicher Zahlen nach eingesetztem Kapital und entsprechenden Gewinnen in Euro im Jahresdurchschnitt 2001 - 2009

Einsatz	5er	4er+zz	4er	3er+zz	3er	Gesamt
78.000,00 €	4.444,39 €	663,63 €	4.386,08 €	2.969,89 €	18.199,79 €	30.663,78 €
156.000,00 €	10.940,04 €	1.407,70 €	8.541,55 €	6.137,03 €	36.749,49 €	63.775,81 €
234.000,00 €	16.751,93 €	1.990,88 €	12.762,92 €	9.211,18 €	55.463,99 €	96.180,90 €
312.000,00 €	21.538,20 €	2.976,27 €	17.120,75 €	12.307,87 €	74.126,57 €	128.069,66 €
390.000,00 €	29.059,47 €	3.740,45 €	21.182,11 €	15.328,48 €	92.512,60 €	161.823,11 €
468.000,00 €	36.238,87 €	4.484,52 €	25.314,06 €	18.442,08 €	111.162,76 €	195.642,29 €
546.000,00 €	40.341,39 €	5.389,46 €	29.408,35 €	21.541,58 €	129.706,82 €	226.387,61 €
624.000,00 €	47.178,91 €	6.213,97 €	33.493,24 €	24.827,06 €	148.305,06 €	260.018,25 €
702.000,00 €	52.307,05 €	7.239,58 €	37.832,26 €	27.836,40 €	166.850,25 €	292.065,54 €
780.000,00 €	59.486,45 €	8.023,86 €	42.354,81 €	30.842,93 €	185.196,77 €	325.904,83 €

Tabelle 3: Gewinnverteilung willkürlicher Zahlen im Jahresdurchschnitt 2001 - 2009

Die Gewinne der Gewinnklassen I-III sind in der Tabelle und Grafik nicht aufgeführt, da sie mit weit weniger als 1% eine zu geringe Wahrscheinlichkeit haben und weil sie dadurch die Statistik verfälschen würden.

Trotzdem führe ich die tatsächlichen Zahlen auf. Mit den verwendeten Zahlen und einem Einsatz von 7.020.000,00 EUR wären 2001 – 2009 folgende Gewinne in den Gewinnklassen II und III erzielt worden:

Gewinnklasse II   -   1 mal

Gewinnklasse III   -   2 mal

Lottoglück – Werden Sie Millionär?

Vom 30.12.2008 bis 31.12.2009 waren die Gewinnquoten durchschnittlich für

Gewinnklasse I   =   1.786.969,97 €

Gewinnklasse II   =   620.084,02 €

Gewinnklasse III   =   61.832,54 €

Selbst mit den erzielten Glücksgewinnen wären bei einem Einsatz von ca. 7.020.000,00 € gerade mal ca. 50 % des Einsatzes zurück gewonnen worden!

Hier die dazugehörige Grafik

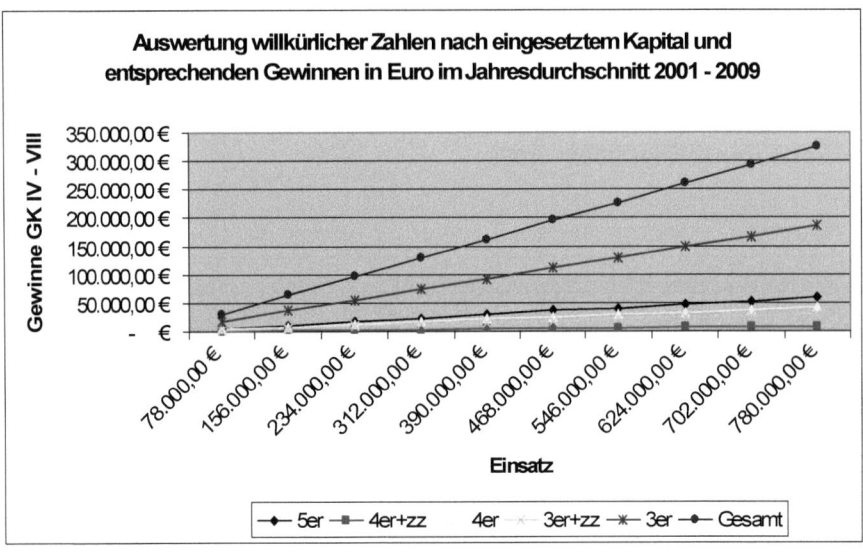

Grafik 4:   Gewinnverteilung willkürlicher Zahlen im Jahresdurchschnitt 2001 - 2009

In der Vergleichsstatistik im letzten Unterkapitel meiner Berechnungen wird diese Berechnung unter dem Namen „R2: Gewinne willkürliche Zahlen = Willkürliche Zahlenreihen (keine doppelt)" aufgeführt.

„Willkür ist genau so gut wie optimierte Zahlen!"

Manfred Bogenschütz

3.4 Gewinnoptimierte Zahlen 1

Bei dieser Berechnung werden aus 13.983.816 möglichen sechser Zahlenkombinationen 10.000 vom PC berechnete Kombinationen mit folgenden Kriterien ausgewählt.

Mindestens 2 kleine und 2 große Zahlen

Mindestens 2 gerade und 2 ungerade Zahlen

Mindestens 2 links und 2 rechts auf dem Lottospielfeld

Mindestens 2 links oben und 2 rechts unten auf dem Lottospielfeld

Mindestens 2 links unten und 2 rechts oben auf dem Lottospielfeld

Mindestens 2 Zahlen aus den Zweierkombis 1, 2, 5, 6, … 45, 46, 49 und 2 Zahlen aus den Zweikombis 3, 4, 7, 8, … 47, 48

Mindestens 2 Zahlen aus den Zweierkombis 1, 4, 5, … 48, 49 und 2 Zahlen aus den Zweikombis 2, 3, 6, 7, … 46, 47

- Die Summe aller 6 Zahlen soll zwischen 97 und 201 betragen
- Die Zahlen sollen in mindestens 2 Blöcken und maximal 5 Blöcken stammen.
- Die Zahlen sollen in mindestens 2 Reihen und maximal 5 Reihen stammen.
- Außerdem nicht mehr als 2 Zahlen als Kombination, also keine 3er, 4er, 5er und 6er Kombinationen und keine der verwendeten Zahlenkombinationen wird doppelt verwendet.

Bei dieser Optimierung von Zahlen werden die Zahlenkombinationen sehr gleichmäßig auf den Spielfeldern verteilt. Jede der Einschränkungen ist so gewählt, wie sie laut Statistik in ca. 90 % der Ziehungen vorkommen.

37

Multipliziert man diese 11 Einschränkungen miteinander, erhält man eine Wahrscheinlichkeit von 33 %, dass mit diesen Einschränkungen 6 Richtige erzielt werden (bei allen möglichen Kombinationen, hier nur bis 10.000). Wie Sie der Tabelle und der Grafik entnehmen können, verhalten sich die Gewinne linear zum Einsatz. 78.000,00 € entsprechen 1000 Felder im Lotto 6 aus 49 ohne die Lottoscheingebühr. Die Schritte sind jeweils 1000 Felder so dass 780.000,00 € 10.000 Felder entsprechen.

Auswertung Gewinnoptimierung 1 nach eingesetztem Kapital und entsprechenden Gewinnen in Euro im Jahresdurchschnitt 2001 – 2009

Einsatz	5er	4er+zz	4er	3er+zz	3er	Gesamt
78.000,00 €	7.521,28 €	744,07 €	4.339,01 €	3.054,42 €	18.583,56 €	34.242,35 €
156.000,00 €	13.675,05 €	1.226,71 €	8.734,50 €	6.063,77 €	37.330,80 €	67.030,82 €
234.000,00 €	19.486,94 €	1.950,66 €	12.932,33 €	9.084,38 €	55.575,74 €	99.030,06 €
312.000,00 €	25.982,59 €	2.936,05 €	17.228,99 €	12.009,19 €	73.906,46 €	132.063,29 €
390.000,00 €	33.503,87 €	3.740,45 €	21.520,95 €	15.007,26 €	92.069,01 €	165.841,53 €
468.000,00 €	41.025,14 €	4.464,41 €	25.676,43 €	18.244,83 €	110.854,62 €	200.265,42 €
546.000,00 €	46.495,16 €	5.369,35 €	29.728,37 €	21.304,89 €	129.267,74 €	232.165,52 €
624.000,00 €	53.674,56 €	6.234,08 €	33.817,96 €	24.260,70 €	147.630,07 €	265.617,37 €
702.000,00 €	59.144,58 €	7.239,58 €	37.860,49 €	27.315,12 €	166.145,91 €	297.705,68 €
780.000,00 €	65.982,10 €	8.064,08 €	42.119,50 €	30.504,80 €	184.694,49 €	331.364,97 €

Tabelle 4: Gewinnverteilung Gewinnoptimierung 1 im Jahresdurchschnitt 2001 - 2009

Die Gewinne der Gewinnklassen I-III sind in der Tabelle und Grafik nicht aufgeführt, da sie mit weit weniger als 1% eine zu geringe Wahrscheinlichkeit haben und weil sie dadurch die Statistik verfälschen würden.

Trotzdem führe ich die tatsächlichen Zahlen auf. Mit den verwendeten Zahlen und einem Einsatz von 7.020.000,00 EUR wären 2001 – 2009 folgende Gewinne in den Gewinnklassen II und III erzielt worden:

Gewinnklasse II   -   1 mal

Gewinnklasse III   -   5 mal

Vom 30.12.2008 bis 31.12.2009 waren die Gewinnquoten durchschnittlich für

Gewinnklasse I   =   1.786.969,97 €

Gewinnklasse II   =   620.084,02 €

Gewinnklasse III   =   61.832,54 €

Selbst mit den erzielten Glücksgewinnen wären bei einem Einsatz von ca. 7.020.000,00 € gerade mal ca. 50 % des Einsatzes zurück gewonnen worden!

Hier die dazugehörige Grafik

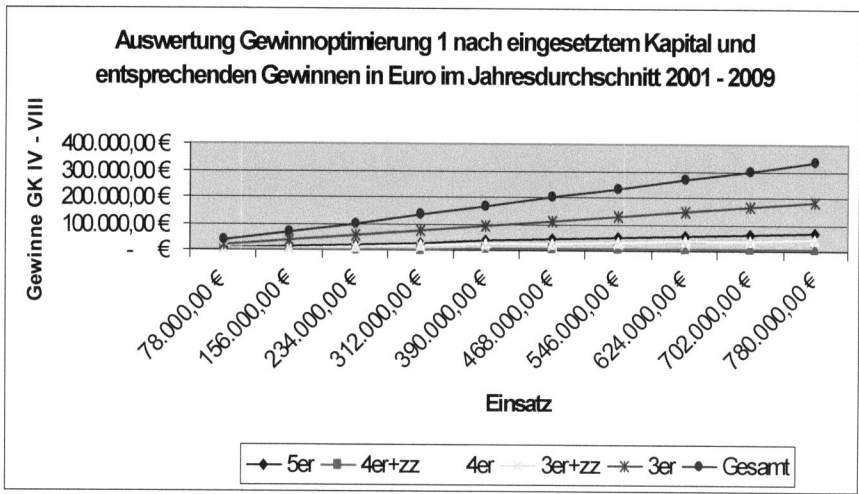

Grafik 5:   Gewinnverteilung Gewinnoptimierung 1 im Jahresdurchschnitt 2001 - 2009

In der Vergleichsstatistik im letzten Unterkapitel meiner Berechnungen wird diese Berechnung unter dem Namen „R3: Gewinne optimierte Zahlen 1 = Optimierte Zahlen (2:4)" aufgeführt.

„Der PC ist schon eine gute Erfindung. Er rechnet auch wenn ich schlafe mit meinen Macroprogrammen."

Manfred Bogenschütz

3.5   Gewinnoptimierte Zahlen 2

Bei dieser Berechnung werden aus 13.983.816 möglichen sechser Zahlenkombinationen 10.000 vom PC berechnete Kombinationen mit folgenden Kriterien ausgewählt.

 Mindestens 3 kleine und 3 große Zahlen

 Mindestens 3 gerade und 3 ungerade Zahlen

 Mindestens 3 links und 3 rechts auf dem Lottospielfeld

- Die Zahlen sollen in mindestens 2 Blöcken und maximal 5 Blöcken stammen.

- Die Zahlen sollen in mindestens 2 Reihen und maximal 5 Reihen stammen.

- Außerdem nicht mehr als 2 Zahlen als Kombination, also keine 3er, 4er, 5er und 6er Kombinationen und keine der verwendeten Zahlenkombinationen wird doppelt verwendet.

Bei dieser Optimierung von Zahlen werden die Zahlenkombinationen noch gleichmäßiger als bei der vorherigen Gewinnoptimierung 1 auf den Spielfeldern verteilt. Jede der Einschränkungen ist so gewählt, wie sie laut Statistik in ca. 30% - 90 % der Ziehungen vorkommen. Multipliziert man diese Einschränkungen miteinander, erhält man eine Wahrscheinlichkeit von 1 %, dass mit diesen Einschränkungen 6 Richtige erzielt werden (bei allen möglichen Kombinationen, hier nur bis 10.000).

Wie Sie der Tabelle und der Grafik entnehmen können, verhalten sich die Gewinne linear zum Einsatz. 78.000,00 € entsprechen 1000 Felder im Lotto 6 aus 49 ohne die Lottoscheingebühr. Die Schritte sind jeweils 1000 Felder so dass 780.000,00 € 10.000 Felder entsprechen.

Auswertung Gewinnoptimierung 2 nach eingesetztem Kapital und entsprechenden Gewinnen in Euro im Jahresdurchschnitt 2001 - 2009

Einsatz	5er	4er+zz	4er	3er+zz	3er	Gesamt
78.000,00 €	3.418,76 €	683,74 €	4.343,72 €	3.215,04 €	18.809,31 €	30.470,57 €
156.000,00 €	8.546,90 €	1.588,68 €	8.819,21 €	6.266,64 €	37.265,33 €	62.486,77 €
234.000,00 €	15.726,30 €	2.473,52 €	13.054,69 €	9.546,49 €	56.302,65 €	97.103,65 €
312.000,00 €	21.538,20 €	3.237,70 €	17.158,40 €	12.795,33 €	74.856,86 €	129.586,50 €
390.000,00 €	29.059,47 €	4.243,20 €	21.469,18 €	15.796,22 €	93.438,17 €	164.006,24 €
468.000,00 €	33.845,74 €	5.027,48 €	25.455,24 €	19.002,81 €	112.029,63 €	195.360,90 €
546.000,00 €	40.683,26 €	5.952,54 €	29.704,84 €	22.181,21 €	130.561,28 €	229.083,13 €
624.000,00 €	48.546,42 €	6.696,61 €	34.072,09 €	25.489,23 €	149.484,59 €	264.288,94 €
702.000,00 €	54.358,31 €	7.661,89 €	38.768,77 €	28.808,52 €	167.981,24 €	297.578,73 €
780.000,00 €	60.853,96 €	8.546,72 €	43.333,67 €	31.930,57 €	186.935,03 €	331.599,96 €

Tabelle 5: Gewinnverteilung Gewinnoptimierung 2 im Jahresdurchschnitt 2001 - 2009

Die Gewinne der Gewinnklassen I-III sind in der Tabelle und Grafik nicht aufgeführt, da sie mit weit weniger als 1% eine zu geringe Wahrscheinlichkeit haben und weil sie dadurch die Statistik verfälschen würden.

Trotzdem führe ich die tatsächlichen Zahlen auf. Mit den verwendeten Zahlen und einem Einsatz von 7.020.000,00 EUR wären 2001 – 2009 folgende Gewinne in den Gewinnklassen II und III erzielt worden:

Gewinnklasse II   -   1 mal

Gewinnklasse III   -   6 mal

Vom 30.12.2008 bis 31.12.2009 waren die Gewinnquoten durchschnittlich für

Gewinnklasse I   =   1.786.969,97 €

Gewinnklasse II   =   620.084,02 €

Gewinnklasse III   =   61.832,54 €

Selbst mit den erzielten Glücksgewinnen wären bei einem Einsatz von ca. 7.020.000,00 € gerade mal ca. 50 % des Einsatzes zurück gewonnen worden!

Hier die dazugehörige Grafik

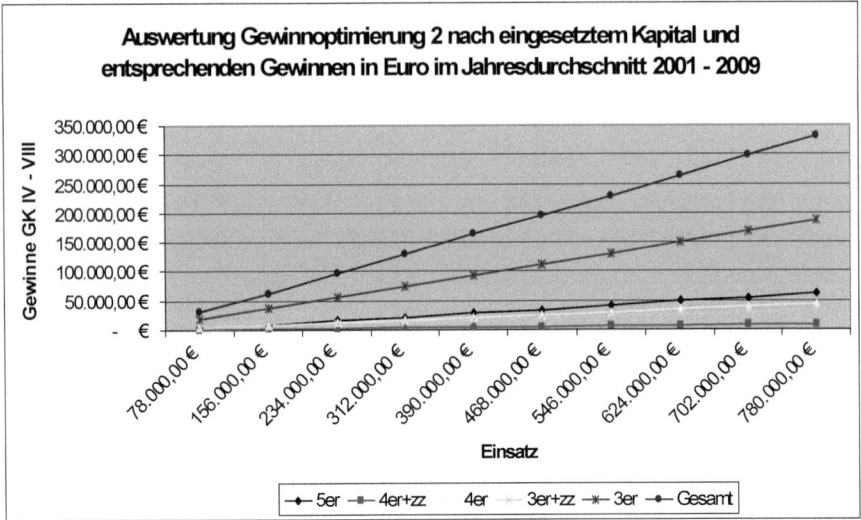

Grafik 6:   Gewinnverteilung Gewinnoptimierung 2 im Jahresdurchschnitt 2001 - 2009

In der Vergleichsstatistik im letzten Unterkapitel meiner Berechnungen wird diese Berechnung unter dem Namen „R4: Gewinne optimierte Zahlen 2 = Optimierte Zahlen (3:3)" aufgeführt.

„Diese Berechnung stellt wohl die beste Verteilung dar und trotzdem erreichen wir damit nicht viel mehr als mit allen anderen Optimierungen!"

Manfred Bogenschütz

3.6 Gewinnoptimierte Zahlen 3

Für die nächsten 3 Gewinnoptimierungen wurden ähnlich wie bei „6 Kombinationen mit VEW System 622" die 49 Zahlen in Zahlenblöcke aufgeteilt und kombiniert. Hier wurden folgende drei Zahlenblöcke zusammengesetzt.

Zahlenblock 1	1	4	7	10	13	16	19	22	25	28	31	34	37	40	43	46	49
Zahlenblock 2	2	5	8	11	14	17	20	23	26	29	32	35	38	41	44	47	
Zahlenblock 3	3	6	9	12	15	18	21	24	27	30	33	36	39	42	45	48	

Von diesen 3 Zahlenblöcken wurden für die Berechnung in diesem Unterkapitel die beiden Zahlenblöcke 1 und 2 ausgewählt, deshalb ist der Zahlenblock 3 grau aufgeführt.

Mit diesen 33 Zahlen wurden nun 10.000 sechser Zahlenkombinationen vom PC berechnete Kombinationen mit folgenden Kriterien ausgewählt.

Mindestens 2 kleine und 2 große Zahlen

Mindestens 2 gerade und 2 ungerade Zahlen

Mindestens 2 links und 2 rechts auf dem Lottospielfeld

Mindestens 2 links oben und 2 rechts unten auf dem Lottospielfeld

Mindestens 2 links unten und 2 rechts oben auf dem Lottospielfeld

Mindestens 2 Zahlen aus den Zweierkombis 1, 2, 5, 6, … 45, 46, 49 und 2 Zahlen aus den Zweikombis 3, 4, 7, 8, … 47, 48

Mindestens 2 Zahlen aus den Zweierkombis 1, 4, 5, … 48, 49 und 2 Zahlen aus den Zweierkombis 2, 3, 6, 7, … 46, 47

43

- Die Summe aller 6 Zahlen soll zwischen 97 und 201 betragen
- Die Zahlen sollen in mindestens 2 Blöcken und maximal 5 Blöcken stammen.
- Die Zahlen sollen in mindestens 2 Reihen und maximal 5 Reihen stammen.
- Außerdem nicht mehr als 2 Zahlen als Kombination, also keine 3er, 4er, 5er und 6er Kombinationen und keine der verwendeten Zahlenkombinationen wird doppelt verwendet.

Bei dieser Optimierung von Zahlen werden die Zahlenkombinationen sehr gleichmäßig auf den Spielfeldern verteilt.

Wie Sie der Tabelle und der Grafik entnehmen können, verhalten sich die Gewinne linear zum Einsatz. 78.000,00 € entsprechen 1000 Felder im Lotto 6 aus 49 ohne die Lottoscheingebühr. Die Schritte sind jeweils 1000 Felder so dass 780.000,00 € 10.000 Felder entsprechen.

Auswertung Gewinnoptimierung 3 nach eingesetztem Kapital und entsprechenden Gewinnen in Euro im Jahresdurchschnitt 2001 - 2009

Einsatz	5er	4er+zz	4er	3er+zz	3er	Gesamt
78.000,00 €	4.102,51 €	1.085,94 €	4.315,48 €	3.787,04 €	19.155,83 €	32.446,81 €
156.000,00 €	9.572,53 €	2.252,31 €	8.918,04 €	7.757,22 €	38.330,86 €	66.830,97 €
234.000,00 €	17.435,68 €	3.277,92 €	12.838,21 €	11.262,49 €	57.262,07 €	102.076,38 €
312.000,00 €	24.273,21 €	4.142,65 €	17.365,47 €	14.322,55 €	76.520,62 €	136.624,50 €
390.000,00 €	29.401,35 €	4.947,04 €	21.379,77 €	17.427,69 €	95.187,72 €	168.343,57 €
468.000,00 €	34.187,62 €	5.851,99 €	25.351,71 €	20.947,04 €	114.300,66 €	200.639,01 €
546.000,00 €	39.315,76 €	6.535,73 €	30.128,39 €	24.271,97 €	135.087,52 €	235.339,37 €
624.000,00 €	43.760,15 €	7.299,91 €	34.745,06 €	27.512,36 €	154.496,19 €	267.813,68 €
702.000,00 €	52.307,05 €	8.184,74 €	39.841,76 €	31.234,59 €	175.220,98 €	306.789,12 €
780.000,00 €	59.486,45 €	9.451,67 €	43.926,64 €	34.655,32 €	194.170,25 €	341.690,34 €

Tabelle 6: Gewinnverteilung Gewinnoptimierung 3 im Jahresdurchschnitt 2001 - 2009

Die Gewinne der Gewinnklassen I-III sind in der Tabelle und Grafik nicht aufgeführt, da sie mit weit weniger als 1% eine zu geringe Wahrscheinlichkeit haben und weil sie dadurch die Statistik verfälschen würden.

44

Trotzdem führe ich die tatsächlichen Zahlen auf. Mit den verwendeten Zahlen und einem Einsatz von 7.020.000,00 EUR wären 2001 – 2009 folgende Gewinne in den Gewinnklassen II und III erzielt worden:

Gewinnklasse II   -   0 mal

Gewinnklasse III   -   5 mal

Vom 30.12.2008 bis 31.12.2009 waren die Gewinnquoten durchschnittlich für

Gewinnklasse I   =   1.786.969,97 €

Gewinnklasse II   =   620.084,02 €

Gewinnklasse III   =   61.832,54 €

Selbst mit den erzielten Glücksgewinnen wären bei einem Einsatz von ca. 7.020.000,00 € weniger als 50 % des Einsatzes zurück gewonnen worden!

Hier die dazugehörige Grafik

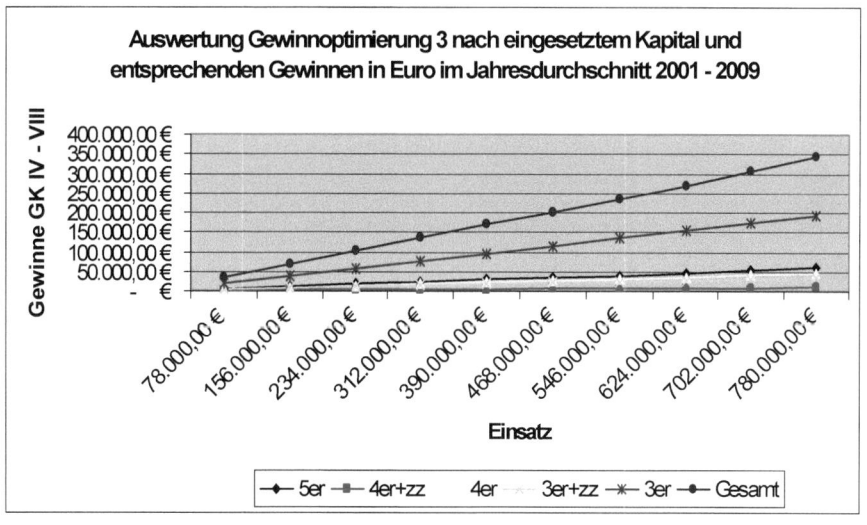

Grafik 7:   Gewinnverteilung Gewinnoptimierung 3 im Jahresdurchschnitt 2001 - 2009

In der Vergleichsstatistik im letzten Unterkapitel meiner Berechnungen wird diese Berechnung unter dem Namen „R5: Gewinne optimierte Zahlen 3 = Optimierte Zahlen (aus 1-2-3 / 1-2 / 2:4)" aufgeführt.

3.7 Gewinnoptimierte Zahlen 4

Hier die Zweite der 3 Gewinnoptimierungen, welche ähnlich wie bei „6 Kombinationen mit VEW System 622" die 49 Zahlen in Zahlenblöcke aufgeteilt und kombiniert wurden.

Zahlenblock 1	1	4	7	10	13	16	19	22	25	28	31	34	37	40	43	46	49
Zahlenblock 2	2	5	8	11	14	17	20	23	26	29	32	35	38	41	44	47	
Zahlenblock 3	3	6	9	12	15	18	21	24	27	30	33	36	39	42	45	48	

Von diesen 3 Zahlenblöcken wurden für die Berechnung in diesem Unterkapitel die beiden Zahlenblöcke 1 und 3 ausgewählt, deshalb ist der Zahlenblock 2 grau aufgeführt.

Mit diesen 33 Zahlen wurden nun 10.000 sechser Zahlenkombinationen vom PC berechnete Kombinationen mit folgenden Kriterien ausgewählt.

 Mindestens 2 kleine und 2 große Zahlen

 Mindestens 2 gerade und 2 ungerade Zahlen

 Mindestens 2 links und 2 rechts auf dem Lottospielfeld

 Mindestens 2 links oben und 2 rechts unten auf dem Lottospielfeld

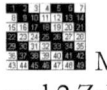 Mindestens 2 links unten und 2 rechts oben auf dem Lottospielfeld

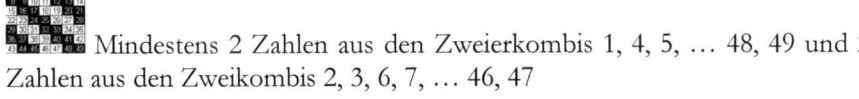 Mindestens 2 Zahlen aus den Zweierkombis 1, 2, 5, 6, ... 45, 46, 49 und 2 Zahlen aus den Zweikombis 3, 4, 7, 8, ... 47, 48

Mindestens 2 Zahlen aus den Zweierkombis 1, 4, 5, ... 48, 49 und 2 Zahlen aus den Zweikombis 2, 3, 6, 7, ... 46, 47

- Die Summe aller 6 Zahlen soll zwischen 97 und 201 betragen

- Die Zahlen sollen in mindestens 2 Blöcken und maximal 5 Blöcken stammen.

- Die Zahlen sollen in mindestens 2 Reihen und maximal 5 Reihen stammen.

- Außerdem nicht mehr als 2 Zahlen als Kombination, also keine 3er, 4er, 5er und 6er Kombinationen und keine der verwendeten Zahlenkombinationen wird doppelt verwendet.

Bei dieser Optimierung von Zahlen werden die Zahlenkombinationen sehr gleichmäßig auf den Spielfeldern verteilt.

Wie Sie der Tabelle und der Grafik entnehmen können, verhalten sich die Gewinne linear zum Einsatz. 78.000,00 € entsprechen 1000 Felder im Lotto 6 aus 49 ohne die Lottoscheingebühr. Die Schritte sind jeweils 1000 Felder so dass 780.000,00 € 10.000 Felder entsprechen.

Auswertung Gewinnoptimierung 4 nach eingesetztem Kapital und entsprechenden Gewinnen in Euro im Jahresdurchschnitt 2001 - 2009

Einsatz	5er	4er+zz	4er	3er+zz	3er	Gesamt
78.000,00 €	5.128,14 €	784,29 €	4.131,95 €	3.324,93 €	18.045,16 €	31.414,46 €
156.000,00 €	12.649,42 €	1.488,14 €	8.202,71 €	6.694,94 €	36.290,10 €	65.325,30 €
234.000,00 €	19.828,82 €	2.312,64 €	12.409,96 €	9.755,00 €	55.160,36 €	99.466,78 €
312.000,00 €	25.040,71 €	2.915,94 €	16.838,39 €	12.924,95 €	74.589,35 €	132.909,35 €
390.000,00 €	30.426,98 €	3.579,57 €	21.135,05 €	16.317,50 €	93.201,13 €	164.660,23 €
468.000,00 €	35.555,12 €	4.524,74 €	25.205,82 €	19.549,45 €	112.210,23 €	197.045,35 €
546.000,00 €	39.999,51 €	5.309,02 €	29.563,66 €	22.663,04 €	131.337,85 €	228.873,08 €
624.000,00 €	48.204,54 €	6.012,87 €	34.048,56 €	25.669,57 €	150.816,50 €	264.752,04 €
702.000,00 €	51.623,30 €	6.857,49 €	37.526,36 €	28.498,57 €	168.539,97 €	293.045,69 €
780.000,00 €	57.777,07 €	7.742,33 €	41.470,06 €	31.564,27 €	186.670,91 €	325.224,64 €

Tabelle 7: Gewinnverteilung Gewinnoptimierung 4 im Jahresdurchschnitt 2001 - 2009

Die Gewinne der Gewinnklassen I-III sind in der Tabelle und Grafik nicht aufgeführt, da sie mit weit weniger als 1% eine zu geringe Wahrscheinlichkeit haben und weil sie dadurch die Statistik verfälschen würden.

Lottoglück – Werden Sie Millionär?

Trotzdem führe ich die tatsächlichen Zahlen auf. Mit den verwendeten Zahlen und einem Einsatz von 7.020.000,00 EUR wären 2001 – 2009 folgende Gewinne in den Gewinnklassen II und III erzielt worden:

Gewinnklasse II   -   1 mal

Gewinnklasse III   -   4 mal

Vom 30.12.2008 bis 31.12.2009 waren die Gewinnquoten durchschnittlich für

Gewinnklasse I   =   1.786.969,97 €

Gewinnklasse II   =   620.084,02 €

Gewinnklasse III   =   61.832,54 €

Selbst mit den erzielten Glücksgewinnen wären bei einem Einsatz von ca. 7.020.000,00 € gerade mal ca. 50 % des Einsatzes zurück gewonnen worden!

Hier die dazugehörige Grafik

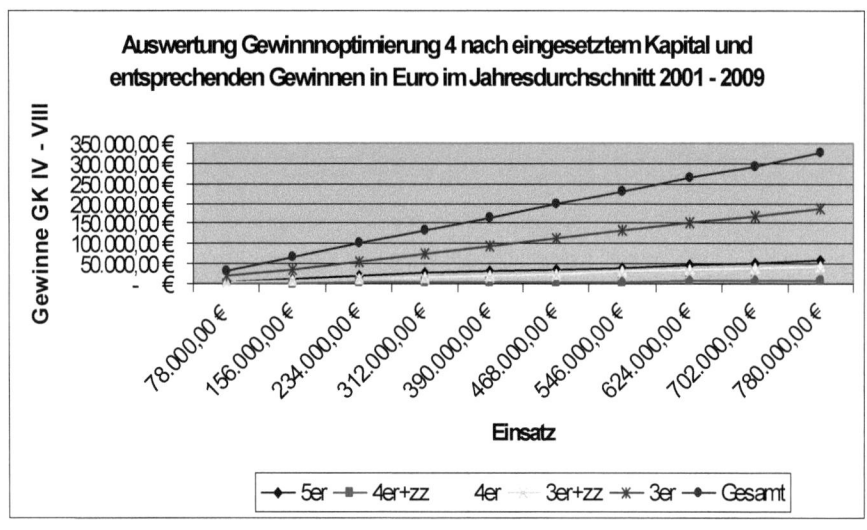

Grafik 8:   *Gewinnverteilung Gewinnoptimierung 4 im Jahresdurchschnitt 2001 - 2009*

In der Vergleichsstatistik im letzten Unterkapitel meiner Berechnungen wird diese Berechnung unter dem Namen „R6: Gewinne optimierte Zahlen 4 = Optimierte Zahlen (aus 1-2-3 / 1-3 / 2:4)" aufgeführt.

3.8 Gewinnoptimierte Zahlen 5

Hier die Dritte der 3 Gewinnoptimierungen, welche ähnlich wie bei „6 Kombinationen mit VEW System 622" die 49 Zahlen in Zahlenblöcke aufgeteilt und kombiniert wurden.

Zahlenblock 1	1	4	7	10	13	16	19	22	25	28	31	34	37	40	43	46	49
Zahlenblock 2	2	5	8	11	14	17	20	23	26	29	32	35	38	41	44	47	
Zahlenblock 3	3	6	9	12	15	18	21	24	27	30	33	36	39	42	45	48	

Von diesen 3 Zahlenblöcken wurden für die Berechnung in diesem Unterkapitel die beiden Zahlenblöcke 2 und 3 ausgewählt, deshalb ist der Zahlenblock 1 grau aufgeführt.

Mit diesen 32 Zahlen wurden nun 10.000 sechser Zahlenkombinationen vom PC berechnete Kombinationen mit folgenden Kriterien ausgewählt.

Mindestens 2 kleine und 2 große Zahlen

Mindestens 2 gerade und 2 ungerade Zahlen

Mindestens 2 links und 2 rechts auf dem Lottospielfeld

Mindestens 2 links oben und 2 rechts unten auf dem Lottospielfeld

Mindestens 2 links unten und 2 rechts oben auf dem Lottospielfeld

Mindestens 2 Zahlen aus den Zweierkombis 1, 2, 5, 6, … 45, 46, 49 und 2 Zahlen aus den Zweikombis 3, 4, 7, 8, … 47, 48

Mindestens 2 Zahlen aus den Zweierkombis 1, 4, 5, … 48, 49 und 2 Zahlen aus den Zweikombis 2, 3, 6, 7, … 46, 47

- Die Summe aller 6 Zahlen soll zwischen 97 und 201 betragen

49

- Die Zahlen sollen in mindestens 2 Blöcken und maximal 5 Blöcken stammen.

- Die Zahlen sollen in mindestens 2 Reihen und maximal 5 Reihen stammen.

- Außerdem nicht mehr als 2 Zahlen als Kombination, also keine 3er, 4er, 5er und 6er Kombinationen und keine der verwendeten Zahlenkombinationen wird doppelt verwendet.

Bei dieser Optimierung von Zahlen werden die Zahlenkombinationen sehr gleichmäßig auf den Spielfeldern verteilt.

Wie Sie der Tabelle und der Grafik entnehmen können, verhalten sich die Gewinne linear zum Einsatz. 78.000,00 € entsprechen 1000 Felder im Lotto 6 aus 49 ohne die Lottoscheingebühr. Die Schritte sind jeweils 1000 Felder so dass 780.000,00 € 10.000 Felder entsprechen.

Auswertung Gewinnoptimierung 5 nach eingesetztem Kapital und entsprechenden Gewinnen in Euro im Jahresdurchschnitt 2001 - 2009

Einsatz	5er	4er+zz	4er	3er+zz	3er	Gesamt
78.000,00 €	4.444,39 €	623,41 €	4.226,07 €	2.865,64 €	18.278,80 €	30.438,31 €
156.000,00 €	10.256,29 €	1.548,47 €	8.023,88 €	5.556,57 €	34.790,00 €	60.175,21 €
234.000,00 €	15.042,55 €	2.171,87 €	12.249,95 €	8.146,07 €	52.173,72 €	89.784,17 €
312.000,00 €	19.145,07 €	2.835,50 €	16.518,38 €	10.597,50 €	70.453,65 €	119.550,09 €
390.000,00 €	22.221,95 €	3.539,35 €	20.546,79 €	13.508,22 €	87.794,47 €	147.610,78 €
468.000,00 €	27.350,09 €	4.202,98 €	23.944,58 €	16.111,81 €	103.947,86 €	175.557,33 €
546.000,00 €	32.820,11 €	4.906,82 €	27.935,35 €	18.735,12 €	121.303,36 €	205.700,76 €
624.000,00 €	37.264,50 €	5.409,57 €	31.719,04 €	21.175,28 €	139.281,92 €	234.850,32 €
702.000,00 €	42.050,77 €	6.113,42 €	35.441,56 €	23.956,38 €	156.591,13 €	264.153,27 €
780.000,00 €	45.811,41 €	6.797,16 €	39.074,66 €	26.717,76 €	174.706,27 €	293.107,26 €

Tabelle 8: Gewinnverteilung Gewinnoptimierung 5 im Jahresdurchschnitt 2001 - 2009

Die Gewinne der Gewinnklassen I-III sind in der Tabelle und Grafik nicht aufgeführt, da sie mit weit weniger als 1% eine zu geringe Wahrscheinlichkeit haben und weil sie dadurch die Statistik verfälschen würden.

Trotzdem führe ich die tatsächlichen Zahlen auf. Mit den verwendeten Zahlen und einem Einsatz von 7.020.000,00 EUR wären 2001 – 2009 folgende Gewinne in den Gewinnklassen II und III erzielt worden:

Gewinnklasse II   -   1 mal

Gewinnklasse III   -   1 mal

Vom 30.12.2008 bis 31.12.2009 waren die Gewinnquoten durchschnittlich für

Gewinnklasse I   =   1.786.969,97 €

Gewinnklasse II   =   620.084,02 €

Gewinnklasse III   =   61.832,54 €

Selbst mit den erzielten Glücksgewinnen wären bei einem Einsatz von ca. 7.020.000,00 € weniger als 50 % des Einsatzes zurück gewonnen worden!

Hier die dazugehörige Grafik

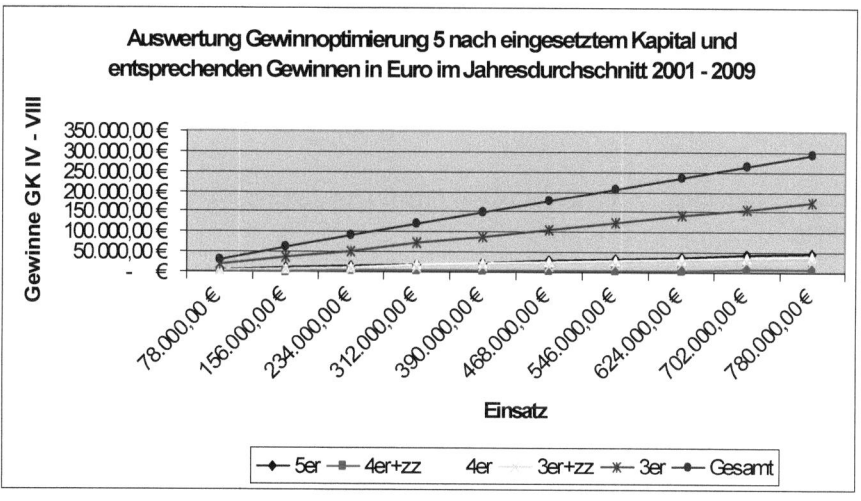

Grafik 9:   *Gewinnverteilung Gewinnoptimierung 5 im Jahresdurchschnitt 2001 - 2009*

In der Vergleichsstatistik im letzten Unterkapitel meiner Berechnungen wird diese Berechnung unter dem Namen „R7: Gewinne optimierte Zahlen 5 = Optimierte Zahlen (aus 1-2-3 / 2-3 / 2:4)" aufgeführt.

Bei dieser Berechnung sieht man genau, was eine Zahl weniger ausmacht, denn von den letzten drei Berechnungen wurde hier eine Zahl weniger verwendet und die Gewinne sind sichtbar zurückgegangen.

3.9   Vergleich der Berechnungen

Hier finden Sie einen Vergleich der meisten Berechnungen in diesem Buch bei denen jeweils 1000 bis 10.000 Zahlenreihen bzw. Felder berechnet wurden. In den jeweiligen Kapiteln wurden die Berechnungsgrundlagen ausführlich erklärt.

Weitere Berechnungen aus diesem Buch wurden deshalb nicht bei diesem Vergleich berücksichtigt, weil ein Vergleich nur Sinn macht, wenn gleiche Voraussetzungen herrschen, wie hier die gleiche Anzahl von Zahlenreihen bzw. Feldern.

Sie finden die einzelnen Berechnungen in diesem Buch wie folgt:

Im Kapitel	Hier unter
2.4 Durchschnittliche Gewinnausschüttung	R1: Reale Gewinne 2009 = Reale Ausschüttung 30.12.2008-31.12.2009
3.3 Berechnung willkürlicher Zahlen	R2: Gewinne willkürliche Zahlen = Willkürliche Zahlenreihen (keine doppelt)
3.4 Gewinnoptimierte Zahlen 1	R3: Gewinne optimierte Zahlen 1 = Optimierte Zahlen (2:4)
3.5 Gewinnoptimierte Zahlen 2	R4: Gewinne optimierte Zahlen 2 = Optimierte Zahlen (3:3)
3.6 Gewinnoptimierte Zahlen 3	R5: Gewinne optimierte Zahlen 3 = Optimierte Zahlen (aus 1-2-3 / 1-2 / 2:4)
3.7 Gewinnoptimierte Zahlen 4	R6: Gewinne optimierte Zahlen 4 = Optimierte Zahlen (aus 1-2-3 / 1-3 / 2:4)
3.8 Gewinnoptimierte Zahlen 5	R7: Gewinne optimierte Zahlen 5 = Optimierte Zahlen (aus 1-2-3 / 2-3 / 2:4)

Vergleich der Berechnungen in diesem Buch bei Einsatz von 1000 bis 10.000 Zahlenreihen bzw. Feldern und den dazugehörigen Gewinnen im Jahresdurchschnitt 2001 - 2009

Einsatz	R1: Reale Gewinne 2009	R2: Gewinne willkürliche Zahlen	R3: Gewinne optimierte Zahlen 1	R4: Gewinne optimierte Zahlen 2	R5: Gewinne optimierte Zahlen 3	R6: Gewinne optimierte Zahlen 4	R7: Gewinne optimierte Zahlen 5
78.000 €	32.028 €	30.664 €	34.242 €	30.471 €	32.447 €	31.414 €	30.438 €
156.000 €	64.055 €	63.776 €	67.031 €	62.487 €	66.831 €	65.325 €	60.175 €
234.000 €	96.083 €	96.181 €	99.030 €	97.104 €	102.076 €	99.467 €	89.784 €
312.000 €	128.110 €	128.070 €	132.063 €	129.586 €	136.624 €	132.909 €	119.550 €
390.000 €	160.138 €	161.823 €	165.842 €	164.006 €	168.344 €	164.660 €	147.611 €
468.000 €	192.165 €	195.642 €	200.265 €	195.361 €	200.639 €	197.045 €	175.557 €
546.000 €	224.193 €	226.388 €	232.166 €	229.083 €	235.339 €	228.873 €	205.701 €
624.000 €	256.220 €	260.018 €	265.617 €	264.289 €	267.814 €	264.752 €	234.850 €
702.000 €	288.248 €	292.066 €	297.706 €	297.579 €	306.789 €	293.046 €	264.153 €
780.000 €	320.275 €	325.905 €	331.365 €	331.600 €	341.690 €	325.225 €	293.107 €

Tabelle 9: Vergleich der Berechnungen im Jahresdurchschnitt 2001 - 2009

Hier die dazugehörige Grafik

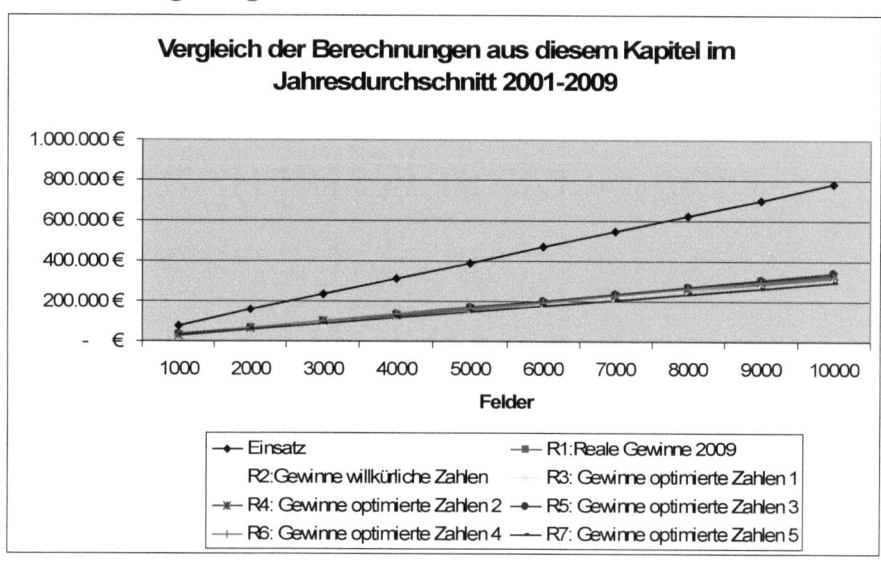

Grafik 10:   Vergleich der Berechnungen im Jahresdurchschnitt 2001 - 2009

Die hier aufgeführten Zahlen basieren auf den Gesamtgewinnen der Gewinnklassen IV bis VIII, da diese statistisch gesehen eine einer realistischen Verteilung stand halten. Höhere Gewinne sind Glückstreffer und würden daher die Statistik verfälschen.

Dieser Vergleich zeigt, dass sowohl bei den realen als auch den willkürlichen Zahlen sowie bei jeder Optimierungsmöglichkeit die Gewinnchancen in etwa gleich sind. Dies liegt daran, dass jede Zahl bei jeder Ziehung die gleichen Chancen hat, ermittelt zu werden und dass die Zahlen beim Lotto 6 aus 49 vollkommen willkürlich gezogen werden.

Die Tabelle und Grafik zeigt, dass mit den Gewinnklassen IV bis VIII durchschnittlich zwischen 37% und 43% des eingesetzten Kapitals wieder zurück gewonnen werden können. Auch zusammen mit den eventuellen Glückstreffern in den Gewinnklassen I bis III werden 50% auf Dauer nicht übertroffen, egal welche Strategie wir wählen!

"Jeder Gewinn über 50% des eingesetzten Kapitals im Lotto 6 aus 49 ist reine Glückssache!"

Manfred Bogenschütz

4 Weitere Gewinnoptimierungsmöglichkeiten

Wir haben festgestellt dass es beim Lotto 6 aus 49 keine Systeme gibt, welche wirklich eine Garantie für eine Gewinnoptimierung geben können.

Was für Möglichkeiten haben wir dann, um unsere Gelder zu vermehren oder unsere Chancen gar beim Lotto zu verbessern?

In diesem Kapitel möchte ich verschiedene Möglichkeiten darstellen, welche weder einer Vollständigkeit noch einer wirklich garantierten Verbesserung genügen.

Bild 4: Erfolgslinie

4.1 Das LOTTO-SuperDING – 50% und mehr

Die Lottogesellschaften bieten immer wieder mal die Möglichkeit „Das LOTTO-SuperDING".

Dabei spielen Sie mit einem bestimmten von der Lottogesellschaft festgelegten Betrag, z.B. 50,-EUR oder 100,-EUR, und Sie erhalten eine Garantie auf 50% Auszahlung auf den eingesetzten Betrag. Mit etwas Glück bekommen Sie natürlich auch mehr. Bei dieser Spielart kreuzen Sie nicht selbst die Zahlen an sondern Sie erhalten von der Lottoannahmestelle eine Quittung mit einer Liste wohl bunt gewürfelten Zahlenkombinationen, welche lt. Statistik weder besser noch schlechter sind als alle anderen Zahlenkombinationen.

Wie wir gesehen haben, ist auf Dauer eine Gewinnchance von 50% des eingesetzten Kapitals mit den verschiedensten Kombinationsmöglichkeiten beim Lotto 6 aus 49 kaum möglich. Daher bietet aus meiner Sicht dieses System bessere Chancen als jedes andere System. Sie bekommen mindestens die Hälfte Ihres eingesetzten Kapitals zurück und haben doch die Chance auf einen größeren Gewinn.

Bild 5:   Das LOTTO-SuperDING – 50% und mehr

„Es gibt Tage da läuft alles schief und Tage wo unglaubliches geschieht. Nehmen Sie jeden Tag wie er ist, denn alles hat seinen Sinn in unserem Leben."

Manfred Bogenschütz

Bild 6:   Die Sonne scheint immer

„Die Sonne scheint Tag und Nacht, nur nicht für Jeden."

Manfred Bogenschütz

4.2   Der Glaube versetzt Berge

Viele von Ihnen haben bereits meine ersten Bücher gelesen.

In diesen Büchern beschreibe ich meine kleinen Wunder, welche mir bereits vielfach geschehen sind. Dabei beschreibe ich nicht nur positive Dinge. Alles was wir in unserem Unterbewusstsein denken sind Wünsche ans Universum, Gott oder wie immer Sie es nennen mögen.

Negative Gedanken sind negative Wünsche, völlig egal worüber und an wen wir dabei denken.

Positive Gedanken sind positive Wünsche, ebenfalls gleichgültig worüber und an wen wir dabei denken.

Alle diese Wünsche in Form von Gedanken werden früher oder später für uns erfüllt.

Die meisten Menschen wissen von der Gewinnchance beim Lotto mit ca. 1:14.000.000 bzw. 1:140.000.000 incl. Superzahl. Also kennen Sie auch ihre Chancen und glauben im Unterbewusstsein meist nicht wirklich daran, dass sie einen größeren Gewinn erzielen werden. Dies ist dann der Wunsch ans Universum, Gott, etc.

Wenn Sie Lotto spielen und dabei gewinnen möchten, kann ich Ihnen nur wärmstens empfehlen, Ihrem Unterbewusstsein klar zu machen, dass Sie jetzt 6 Richtige oder 6 Richtige mit Superzahl gewinnen. Malen Sie sich dabei gedanklich schon mal aus, was Sie mit dem Gewinn machen. Je mehr Ihr Unterbewusstsein von Ihrem Gewinn überzeugt ist, desto eher werden Sie gewinnen.

Das mag für Sie evtl. Neuland und Hokuspokus sein aber ich kann Ihnen aus meinen eigenen Erfahrungen nur bestätigen, dass die Macht unserer Gedanken größer ist als man sich vorstellen kann.

Meine früheren Bücher, welche Sie im Anhang finden, können Ihnen anhand meiner Erfahrungen zeigen, wie Sie Ihre Gedanken positiv einstellen können. Es gibt auch eine Vielzahl an Literatur anderer Autoren welche auf ähnliche Weise dieselben Erfahrungen gesammelt haben und ebenfalls die dafür notwendigen Schritte detailliert beschreiben. Auf der Internetseite *www.Buchempfehlung.biz* finden Sie alle meine Buchempfehlungen.

Bild 7:   Wünsche ins Universum senden

„Jeder Wunsch im Unterbewusstsein ist ein Gebet."

Manfred Bogenschütz

4.3 *Wahrsager, Hellseher, Horoskope, etc.*

Im Internet finden Sie zahlreiche Möglichkeiten, Angebote von Wahrsager, Hellseher, Traumdeuter und was es sonst so alles gibt, in Anspruch zu nehmen.

Viele Menschen suchen auch beim Gewinnspiel solche Ratschläge. Nicht selten werden hier auch große Summen an Gelder ausgegeben. Bei *„google adwords"*, wo für jeden Klick auf eine Internetseite von den Googlebesuchern der Anbieter Geld bezahlt (siehe dazu mehr unter Adwords bei Google) z.B. sind solche Internetseiten oft die best bezahlten Seiten überhaupt. Für mich bedeutet dies, dass damit viel Geld zu verdienen ist und wirklich viele Menschen Geld dafür ausgeben.

Die Deutungen der angeblichen Wahrsager, Hellseher, etc. sind meist so allgemein gehalten, dass sich jeder für sich seine Wahrheit herausziehen kann. Dies sehen wir auch täglich in den Horoskopen jeglicher Art. Auch ich lese diese gerne, weil ich mir immer die positiven Dinge daraus deute und diese auch zutreffen, weil ich ein positiv denkender Mensch bin.

Es wird also einfach alles im Konjunktiv II geschrieben. In seiner Hauptfunktion stellt der Konjunktiv II das Ausgesagte dar als etwas, was nicht in der Wirklichkeit, sondern nur der Möglichkeit nach oder in der Vorstellung besteht.

Für mich ist eines ganz klar. Wenn diese übersinnlichen Menschen Lottozahlen voraussagen könnten, dann würden sie es selbst nutzen und evtl. umsonst weitergeben um Gutes zu tun. Sie würden aber sicher nicht ihren Unterhalt damit verdienen, indem Sie Ihnen das Geld aus der Tasche ziehen.

Fazit: Wahrsager, Hellseher, Horoskope, etc. sind für mich zur Unterhaltung und können ganz schön amüsant sein aber niemals als Grundlage für meine Investitionen dienen.

„Auch Ratschläge sind Schläge."

Manfred Bogenschütz

4.4 *Geldanlage anstatt Gewinnspiele*

Nachdem wir gesehen haben, dass Gewinnspiele nicht die beste Kapitalanlage sind, sollten wir uns vielleicht mit dem Gedanken befassen, wie wir unser Geld besser nutzen und vermehren können.

Ich bin kein Finanzberater und deshalb möchte ich Ihnen auch keine Anlageform nahelegen. Ob für Sie eher Banken, Versicherungen, Wertpapiere oder Immobilien, um nur ein paar zu nennen, das Richtige ist, sollten Sie selbst entscheiden. Beratungsmöglichkeiten gibt es viele und wie seriös diese jeweils sind mag ich mich nicht zu äußern. Auch hier gilt erst einmal der Grundgedanke, dass Sie sich von Ihrem Bauchgefühl leiten lassen können. Wenn Ihr Unterbewusstsein auf Reichtum programmiert ist, dann sind die Chancen, dass Sie mit Ihrem Bauchgefühl richtig liegen, schon sehr groß. Es sind ja Ihre Wünsche ans Universum welche erfüllt werden wollen.

Auf den nächsten 3 Seiten möchte ich Ihnen darstellen, was mit Ihrem Geld in 25 Jahren passiert, wenn Sie Ihr Geld

- Beim Lotto einsetzen bei 50% Auszahlung, was auf Dauer mehr als realistisch ist
- Mit einer Geldanlage bei 1,5 % Verzinsung (entspricht einem Sparbuch)
- Mit einer Geldanlage bei 3 % Verzinsung (entspricht einer schlechten bis mittleren Anlageform)
- Mit einer Geldanlage bei 6 % Verzinsung (entspricht einer besseren Anlageform)

Die drei Tabellen unterscheiden sich dadurch, dass mit einem Einsatz von

- Monatlich 12 EUR, was einem Einsatz von 2 Feldern im Lotto 6 aus 49 gleicht
- Monatlich 24 EUR, was einem Einsatz von 4 Feldern im Lotto 6 aus 49 gleicht
- Monatlich 48 EUR, was einem Einsatz von 8 Feldern im Lotto 6 aus 49 gleicht

gerechnet wird. Dabei wurden die Gebühren für die Lottoannahmestellen nicht berücksichtigt, was zusätzlich beim Lottospielen hinzukommen würde.

Vergleich 2 Felder/Ziehung im Lotto 6 aus 49 oder Geldanlage

Jahr	Mon	Betrag pro Monat	Bei 50 % Lottogewinn	Bei Anlage mit 1,5 % Zins	Bei Anlage mit 3 % Zins	Bei Anlage mit 6 % Zins
1. J	Jan	12,00 €	6,00 €	12,00 €	12,00 €	12,00 €
1. J	Feb	12,00 €	12,00 €	24,02 €	24,03 €	24,06 €
1. J	Mrz	12,00 €	18,00 €	36,05 €	36,09 €	36,18 €
1. J	Apr	12,00 €	24,00 €	48,09 €	48,18 €	48,36 €
1. J	Mai	12,00 €	30,00 €	60,15 €	60,30 €	60,60 €
1. J	Jun	12,00 €	36,00 €	72,23 €	72,45 €	72,91 €
1. J	Jul	12,00 €	42,00 €	84,32 €	84,63 €	85,27 €
1. J	Aug	12,00 €	48,00 €	96,42 €	96,84 €	97,70 €
1. J	Sep	12,00 €	54,00 €	108,54 €	109,09 €	110,19 €
1. J	Okt	12,00 €	60,00 €	120,68 €	121,36 €	122,74 €
1. J	Nov	12,00 €	66,00 €	132,83 €	133,66 €	135,35 €
1. J	Dez	12,00 €	72,00 €	144,99 €	146,00 €	148,03 €
2. J	Dez	12,00 €	144,00 €	292,18 €	296,43 €	305,18 €
3. J	Dez	12,00 €	216,00 €	441,59 €	451,45 €	472,03 €
4. J	Dez	12,00 €	288,00 €	593,25 €	611,17 €	649,17 €
5. J	Dez	12,00 €	360,00 €	747,20 €	775,76 €	837,24 €
6. J	Dez	12,00 €	432,00 €	903,48 €	945,35 €	1.036,91 €
7. J	Dez	12,00 €	504,00 €	1.062,12 €	1.120,10 €	1.248,89 €
8. J	Dez	12,00 €	576,00 €	1.223,16 €	1.300,17 €	1.473,94 €
9. J	Dez	12,00 €	648,00 €	1.386,63 €	1.485,71 €	1.712,88 €
10. J	Dez	12,00 €	720,00 €	1.552,56 €	1.676,90 €	1.966,55 €
11. J	Dez	12,00 €	792,00 €	1.721,01 €	1.873,90 €	2.235,87 €
12. J	Dez	12,00 €	864,00 €	1.891,99 €	2.076,89 €	2.521,80 €
13. J	Dez	12,00 €	936,00 €	2.065,56 €	2.286,06 €	2.825,37 €
14. J	Dez	12,00 €	1.008,00 €	2.241,76 €	2.501,59 €	3.147,66 €
15. J	Dez	12,00 €	1.080,00 €	2.420,61 €	2.723,67 €	3.489,82 €
16. J	Dez	12,00 €	1.152,00 €	2.602,16 €	2.952,51 €	3.853,10 €
17. J	Dez	12,00 €	1.224,00 €	2.786,46 €	3.188,31 €	4.238,77 €
18. J	Dez	12,00 €	1.296,00 €	2.973,54 €	3.431,28 €	4.648,24 €
19. J	Dez	12,00 €	1.368,00 €	3.163,44 €	3.681,65 €	5.082,96 €
20. J	Dez	12,00 €	1.440,00 €	3.356,22 €	3.939,62 €	5.544,49 €
21. J	Dez	12,00 €	1.512,00 €	3.551,90 €	4.205,45 €	6.034,49 €
22. J	Dez	12,00 €	1.584,00 €	3.750,54 €	4.479,36 €	6.554,71 €
23. J	Dez	12,00 €	1.656,00 €	3.952,18 €	4.761,60 €	7.107,02 €
24. J	Dez	12,00 €	1.728,00 €	4.156,87 €	5.052,42 €	7.693,39 €
25. J	Dez	12,00 €	1.800,00 €	4.364,65 €	5.352,09 €	8.315,93 €

Sie hätten insgesamt 3600 EUR bezahlt!

Tabelle 10: Vergleich 2 Felder/Ziehung im Lotto 6 aus 49 oder Geldanlage

Vergleich 4 Felder/Ziehung im Lotto 6 aus 49 oder Geldanlage

Jahr	Mon	Betrag pro Monat	Bei 50 % Lottogewinn	Bei Anlage mit 1,5 % Zins	Bei Anlage mit 3 % Zins	Bei Anlage mit 6 % Zins
1. J	Jan	24,00 €	12,00 €	24,00 €	24,00 €	24,00 €
1. J	Feb	24,00 €	24,00 €	48,03 €	48,06 €	48,12 €
1. J	Mrz	24,00 €	36,00 €	72,09 €	72,18 €	72,36 €
1. J	Apr	24,00 €	48,00 €	96,18 €	96,36 €	96,72 €
1. J	Mai	24,00 €	60,00 €	120,30 €	120,60 €	121,21 €
1. J	Jun	24,00 €	72,00 €	144,45 €	144,90 €	145,81 €
1. J	Jul	24,00 €	84,00 €	168,63 €	169,27 €	170,54 €
1. J	Aug	24,00 €	96,00 €	192,84 €	193,69 €	195,39 €
1. J	Sep	24,00 €	108,00 €	217,08 €	218,17 €	220,37 €
1. J	Okt	24,00 €	120,00 €	241,35 €	242,72 €	245,47 €
1. J	Nov	24,00 €	132,00 €	265,66 €	267,32 €	270,70 €
1. J	Dez	24,00 €	144,00 €	289,99 €	291,99 €	296,05 €
2. J	Dez	24,00 €	288,00 €	584,36 €	592,87 €	610,37 €
3. J	Dez	24,00 €	432,00 €	883,17 €	902,89 €	944,07 €
4. J	Dez	24,00 €	576,00 €	1.186,50 €	1.222,35 €	1.298,35 €
5. J	Dez	24,00 €	720,00 €	1.494,41 €	1.551,52 €	1.674,48 €
6. J	Dez	24,00 €	864,00 €	1.806,97 €	1.890,71 €	2.073,81 €
7. J	Dez	24,00 €	1.008,00 €	2.124,25 €	2.240,21 €	2.497,77 €
8. J	Dez	24,00 €	1.152,00 €	2.446,32 €	2.600,34 €	2.947,89 €
9. J	Dez	24,00 €	1.296,00 €	2.773,25 €	2.971,42 €	3.425,76 €
10. J	Dez	24,00 €	1.440,00 €	3.105,13 €	3.353,79 €	3.933,10 €
11. J	Dez	24,00 €	1.584,00 €	3.442,01 €	3.747,80 €	4.471,74 €
12. J	Dez	24,00 €	1.728,00 €	3.783,99 €	4.153,78 €	5.043,60 €
13. J	Dez	24,00 €	1.872,00 €	4.131,13 €	4.572,12 €	5.650,74 €
14. J	Dez	24,00 €	2.016,00 €	4.483,51 €	5.003,18 €	6.295,31 €
15. J	Dez	24,00 €	2.160,00 €	4.841,22 €	5.447,34 €	6.979,65 €
16. J	Dez	24,00 €	2.304,00 €	5.204,33 €	5.905,02 €	7.706,19 €
17. J	Dez	24,00 €	2.448,00 €	5.572,92 €	6.376,62 €	8.477,55 €
18. J	Dez	24,00 €	2.592,00 €	5.947,08 €	6.862,57 €	9.296,48 €
19. J	Dez	24,00 €	2.736,00 €	6.326,89 €	7.363,29 €	10.165,92 €
20. J	Dez	24,00 €	2.880,00 €	6.712,43 €	7.879,25 €	11.088,98 €
21. J	Dez	24,00 €	3.024,00 €	7.103,80 €	8.410,90 €	12.068,98 €
22. J	Dez	24,00 €	3.168,00 €	7.501,08 €	8.958,71 €	13.109,42 €
23. J	Dez	24,00 €	3.312,00 €	7.904,37 €	9.523,20 €	14.214,03 €
24. J	Dez	24,00 €	3.456,00 €	8.313,74 €	10.104,85 €	15.386,78 €
25. J	Dez	24,00 €	3.600,00 €	8.729,29 €	10.704,19 €	16.631,86 €

Sie hätten insgesamt 7200 EUR bezahlt!

Tabelle 11: Vergleich 4 Felder/Ziehung im Lotto 6 aus 49 oder Geldanlage

Lottoglück – Werden Sie Millionär?

Vergleich 8 Felder/Ziehung im Lotto 6 aus 49 oder Geldanlage

Jahr	Mon	Betrag pro Monat	Bei 50 % Lottogewinn	Bei Anlage mit 1,5 % Zins	Bei Anlage mit 3 % Zins	Bei Anlage mit 6 % Zins
1. J	Jan	48,00 €	24,00 €	48,00 €	48,00 €	48,00 €
1. J	Feb	48,00 €	48,00 €	96,06 €	96,12 €	96,24 €
1. J	Mrz	48,00 €	72,00 €	144,18 €	144,36 €	144,72 €
1. J	Apr	48,00 €	96,00 €	192,36 €	192,72 €	193,44 €
1. J	Mai	48,00 €	120,00 €	240,60 €	241,20 €	242,41 €
1. J	Jun	48,00 €	144,00 €	288,90 €	289,81 €	291,62 €
1. J	Jul	48,00 €	168,00 €	337,26 €	338,53 €	341,08 €
1. J	Aug	48,00 €	192,00 €	385,68 €	387,38 €	390,79 €
1. J	Sep	48,00 €	216,00 €	434,17 €	436,35 €	440,74 €
1. J	Okt	48,00 €	240,00 €	482,71 €	485,44 €	490,95 €
1. J	Nov	48,00 €	264,00 €	531,31 €	534,65 €	541,40 €
1. J	Dez	48,00 €	288,00 €	579,98 €	583,99 €	592,11 €
2. J	Dez	48,00 €	576,00 €	1.168,71 €	1.185,74 €	1.220,73 €
3. J	Dez	48,00 €	864,00 €	1.766,34 €	1.805,79 €	1.888,13 €
4. J	Dez	48,00 €	1.152,00 €	2.373,00 €	2.444,70 €	2.596,70 €
5. J	Dez	48,00 €	1.440,00 €	2.988,81 €	3.103,04 €	3.348,96 €
6. J	Dez	48,00 €	1.728,00 €	3.613,93 €	3.781,41 €	4.147,63 €
7. J	Dez	48,00 €	2.016,00 €	4.248,49 €	4.480,41 €	4.995,55 €
8. J	Dez	48,00 €	2.304,00 €	4.892,63 €	5.200,67 €	5.895,77 €
9. J	Dez	48,00 €	2.592,00 €	5.546,51 €	5.942,84 €	6.851,52 €
10. J	Dez	48,00 €	2.880,00 €	6.210,26 €	6.707,59 €	7.866,21 €
11. J	Dez	48,00 €	3.168,00 €	6.884,03 €	7.495,59 €	8.943,49 €
12. J	Dez	48,00 €	3.456,00 €	7.567,98 €	8.307,56 €	10.087,21 €
13. J	Dez	48,00 €	3.744,00 €	8.262,26 €	9.144,23 €	11.301,47 €
14. J	Dez	48,00 €	4.032,00 €	8.967,03 €	10.006,35 €	12.590,63 €
15. J	Dez	48,00 €	4.320,00 €	9.682,44 €	10.894,69 €	13.959,30 €
16. J	Dez	48,00 €	4.608,00 €	10.408,65 €	11.810,05 €	15.412,38 €
17. J	Dez	48,00 €	4.896,00 €	11.145,84 €	12.753,25 €	16.955,09 €
18. J	Dez	48,00 €	5.184,00 €	11.894,15 €	13.725,14 €	18.592,95 €
19. J	Dez	48,00 €	5.472,00 €	12.653,77 €	14.726,59 €	20.331,83 €
20. J	Dez	48,00 €	5.760,00 €	13.424,87 €	15.758,50 €	22.177,96 €
21. J	Dez	48,00 €	6.048,00 €	14.207,61 €	16.821,79 €	24.137,96 €
22. J	Dez	48,00 €	6.336,00 €	15.002,17 €	17.917,43 €	26.218,84 €
23. J	Dez	48,00 €	6.624,00 €	15.808,73 €	19.046,39 €	28.428,07 €
24. J	Dez	48,00 €	6.912,00 €	16.627,48 €	20.209,69 €	30.773,56 €
25. J	Dez	48,00 €	7.200,00 €	17.458,59 €	21.408,38 €	33.263,71 €

Sie hätten insgesamt 14400 EUR bezahlt!

Tabelle 12: Vergleich 8 Felder/Ziehung im Lotto 6 aus 49 oder Geldanlage

64

4.5 Selten getippte Zahlen zur Gewinnerhöhung

In den vergangenen Kapiteln haben wir gesehen, durch Vorhersagen, Statistiken und sonstige Optimierungen kommen wir nicht weiter.

Sollten Sie trotzdem und vielleicht wegen des Kapitels „Der Glaube versetzt Berge" doch noch zum Schluss kommen, Lotto zu spielen, dann setzen Sie möglichst auf Zahlen, welche von anderen Lottospielern nicht so oft getippt werden. Dadurch erhöhen sich Ihre Chancen nicht auf höhere Gewinnklassen aber jedenfalls auf höhere Gewinnquoten.

Dies ist so, weil in jeder Gewinnklasse ein bestimmter Prozentsatz des eingesetzten Kapitals ausgeschüttet wird, was in den ersten Kapiteln dieses Buches bereits vorgestellt wurde. Je weniger Menschen auf die richtigen Zahlen gesetzt haben, desto größer sind die einzelnen Ausschüttungsgewinne auf die Gewinner.

Lottospieler tippen oft ihr Geburtsdatum, den Hochzeitstag, Tage besonderer Anlässe, bestimmte Muster, Glückszahlen usw. Diese Zahlen gilt es zu vermeiden und anstatt dessen Zahlen auszuwählen, welche von möglichst wenig anderen Menschen getippt werden.

Welche Zahlen sind nun die Zahlen, welche viele Menschen tippen und warum ist dies so?

1. Beliebte Lottozahlen: Am häufigsten sollen die Lottozahlen 19, 7, 9 und 3 getippt werden. Warum weiß wohl niemand so recht.

2. Geburtstage: Alle Zahlen von 1 bis 31. Die Menschen sehen gerne Ihre eigenen Daten.

3. Geburtsmonate: Alle Zahlen von 1 bis 12. Auch hier gilt, die Menschen sehen gerne Ihre eigenen Daten.

4. Jahreszahlen: 19 und 20. Andere Jahreszahlen können dabei wohl eher vernachlässigt werden, da die meisten Lottospieler eher in den Jahren nach 1900 geboren sind.

Und mit welchen Zahlen können Sie Ihre Gewinnquoten erhöhen, weil sie von weniger Menschen getippt werden?

1. 32 bis 49, weil sie weder in den Jahrestagen noch den beliebtesten Zahlen vorkommen.

2. Die Randzahlen außer der 7: Diese sind: 1, 8, 14, 15, 21, 22, 29, 35, 36, 42, 43, 44, 45, 46, 47, 48 und 49. Viele Menschen meiden den linken, rechten und unteren Rand des Lottofeldes, abgesehen von der häufig getippten Zahl 7.

3. Besonders ungern getippte Lottozahlen: Diese sind 14, 15, 20, 22, 29, 35, 36, 42, 43 und 45. Warum weiß wohl niemand so recht.

4. Muster vermeiden: Gerne werden Gewinnzahlen angekreuzt, die auf dem Lottoschein Muster bilden wie z.B. waagerechte, senkrechte oder diagonale Linien.

Damit Sie sehen, dass Sie mit diesen selten getippten Zahlen Ihre Gewinnchance ebenfalls nicht erhöhen können, habe ich auch mit diesen Zahlen eine statistische Berechnung für Sie vorbereitet.

Bei dieser Berechnung werden 10.000 sechser Zahlenkombinationen vom PC berechnete Kombinationen mit folgenden Kriterien ausgewählt.

Es werden nur folgende 26 unbeliebte Zahlen zur Berechnung herangezogen.

1, 8, 14, 15, 20, 21, 22, 29, 32, 33, 34, 35, 36, 37, 38, 39, 40, 41, 42, 43, 44, 45, 46, 47, 48, 49, alle anderen Zahlen fließen nicht in die Berechnung mit ein.

 Mindestens 2 kleine und 2 große Zahlen

 Mindestens 2 gerade und 2 ungerade Zahlen

- Außerdem nicht mehr als 2 Zahlen als Kombination, also keine 3er, 4er, 5er und 6er Kombinationen und keine der verwendeten Zahlenkombinationen wird doppelt verwendet.

Bei dieser Optimierung von Zahlen werden die Zahlenkombinationen sehr gleichmäßig in Bezug auf die unbeliebten Zahlen auf den Spielfeldern verteilt. Wie Sie der Tabelle und der Grafik entnehmen können, verhalten sich die Gewinne linear zum Einsatz. 78.000,00 € entsprechen 1000 Felder im Lotto 6 aus 49 ohne die Lottoscheingebühr. Die Schritte sind jeweils 1000 Felder so dass 780.000,00 € 10.000 Felder entsprechen.

Auswertung unbeliebte Zahlen nach eingesetztem Kapital und entsprechenden Gewinnen in Euro im Jahresdurchschnitt 2001 – 2009

Einsatz	5er	4er+zz	4er	3er+zz	3er	Gesamt
78.000,00 €	5.470,02 €	583,19 €	3.651,93 €	2.933,26 €	17.052,99 €	29.691,39 €
156.000,00 €	8.546,90 €	1.347,37 €	7.445,03 €	5.874,98 €	34.324,96 €	57.539,24 €
234.000,00 €	12.307,54 €	1.930,55 €	11.398,15 €	8.861,78 €	51.691,75 €	86.189,77 €
312.000,00 €	17.777,56 €	2.473,52 €	15.021,84 €	11.795,04 €	69.079,97 €	116.147,94 €
390.000,00 €	21.538,20 €	3.318,14 €	18.777,30 €	14.922,72 €	86.467,08 €	145.023,44 €
468.000,00 €	27.008,22 €	4.042,10 €	22.368,04 €	17.948,97 €	103.856,43 €	175.223,76 €
546.000,00 €	33.503,87 €	4.685,62 €	26.067,03 €	20.947,04 €	121.050,52 €	206.254,07 €
624.000,00 €	39.657,64 €	5.228,58 €	29.737,78 €	23.801,41 €	138.310,07 €	236.735,48 €
702.000,00 €	44.102,03 €	5.872,10 €	33.333,23 €	26.884,01 €	155.533,51 €	265.724,88 €
780.000,00 €	48.888,29 €	6.455,29 €	37.121,64 €	29.896,17 €	172.706,15 €	295.067,53 €

Tabelle 13: Gewinnverteilung unbeliebte Zahlen im Jahresdurchschnitt 2001 - 2009

Die Gewinne der Gewinnklassen I-III sind in der Tabelle und Grafik nicht aufgeführt, da sie mit weit weniger als 1% eine zu geringe Wahrscheinlichkeit haben und weil sie dadurch die Statistik verfälschen würden.

Trotzdem führe ich die tatsächlichen Zahlen auf. Mit den verwendeten Zahlen und einem Einsatz von 7.020.000,00 EUR wären 2001 – 2009 folgende Gewinne in den Gewinnklassen II und III erzielt worden:

Gewinnklasse II   -   1 mal

Gewinnklasse III   -   2 mal

Vom 30.12.2008 bis 31.12.2009 waren die Gewinnquoten durchschnittlich für

Gewinnklasse I   =   1.786.969,97 €

Gewinnklasse II   =   620.084,02 €

Gewinnklasse III   =   61.832,54 €

Selbst mit den erzielten Glücksgewinnen wären bei einem Einsatz von ca. 7.020.000,00 € gerade mal ca. 50 % des Einsatzes zurück gewonnen worden!

Hier die dazugehörige Grafik

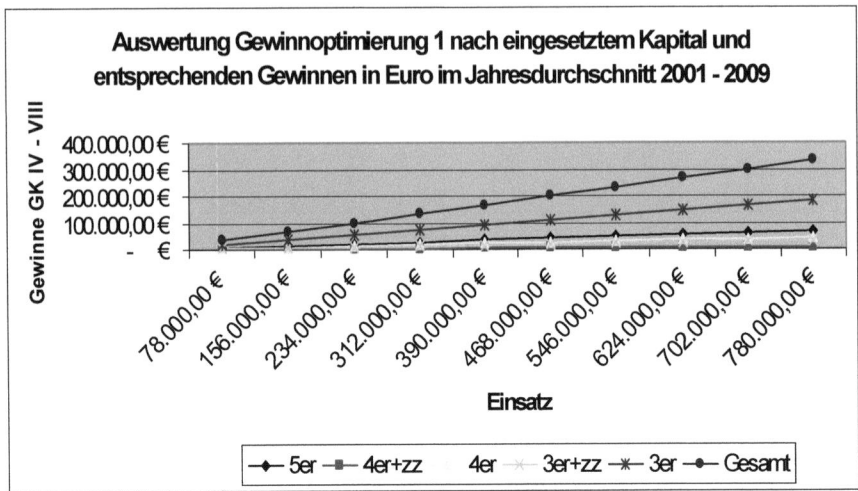

Grafik 11:   Gewinnverteilung unbeliebte Zahlen im Jahresdurchschnitt 2001 - 2009

In der Vergleichsstatistik meiner Berechnungen wird diese Berechnung nicht mit aufgeführt, aber Sie hat ähnliche Werte wie die schlechste Auswertung in der Vergleichsstatistik. Dadurch, dass diese Zahlen seltener getippt werden als andere Zahlen, kann sich die Gewinnquote erhöhen. Selbst wenn die Gewinnquote dadurch 50% höher wäre, würde trotzdem nicht mehr als 50% des eingesetzten Kapitals zurück gewonnen werden.

„Glück und Zufall kann durch positives Denken im Unterbewusstsein beeinflusst werden."

Manfred Bogenschütz

5   Zusammenfassung und Kernaussage

Sicher habe ich mit diesem Buch ein paar Menschen die Hoffnung genommen, mit Lotto 6 aus 49 das große Geschäft zu machen.

Es gibt keine Möglichkeit, mit Systemen jeglicher Art die Gewinnchancen soweit zu erhöhen, dass man auf Dauer sein eingesetztes Kapital wieder zurück gewinnen kann, denn jede Zahl hat bei jeder Ziehung die gleichen Chancen als jede andere Zahl. Dazu gibt es in diesem Buch einige meiner vielen Berechnungen und Statistiken, welche ich in den letzten Jahren, seit es den PC gibt, errechnet habe.

Eine Gewinnoptimierung im Lotto 6 aus 49 ist mit verschiedenen Optimierungen wie wir gesehen haben möglich, aber nur durch Glück und Zufall werden wirkliche Gewinne erzielt.

Wahrsager, Hellseher, usw. sind keine Alternative. Wenn Diese die Zahlen wüssten, würden sie Ihnen die Zahlen nicht für ein Honorar anbieten.

Der Glaube versetzt Berge aber dazu habe ich bereits mehrere Bücher geschrieben weshalb ich darauf nur kurz eingehe. Wer mehr über dieses Thema wissen möchte kann sich im Anhang aus meinen weiteren Büchern informieren. Diese früheren Bücher von mir können Ihnen vermutlich viel mehr dazu beitragen, dass Sie durch positives Denken einen Glückstreffer landen, als jede Berechnung in diesem Buch.

Sicher finden Sie im Internet oder Fachbücher zum Thema Lotto weitere Tipps zur Optimierung Ihrer Zahlen. Testen Sie diese bevor Sie einfach los legen, denn ab jetzt wissen Sie, dass Sie vermutlich keine Optimierung sicher zum Millionär machen kann.

Auf der folgenden Seite sind positive Worte aufgeführt. Diese Seite ist aus meinen früheren Büchern übernommen. Diese Seite ist dafür da, dass Sie Ihr Unterbewußtsein täglich positiv einstellen. Wenn Ihr Unterbewußtsein an ein glückliches Leben glaubt, wird es darauf hin arbeiten. Hängen Sie sich diese Seite doch einfach für Sie täglich sichtbar an Ihre Pinnwand.

"Es ist vollbracht!"

Die letzten Worte Jesus Christus nach Johannes 19,30

Ich lebe glücklich im Paradies Erde

Aktion = Reaktion
Positives fällt mir zu = Zufall!
Ich ziehe Positives an = Anziehung!
Meine Gedanken sind positiv
Meine Wünsche sind positiv

Ich denke nur noch positiv
Ich Liebe alle und alles
Ich bin dankbar für alles was ich habe und
was ist
Ich bin gesund
Ich liebe den Frieden
Ich habe Glück
Ich bin erfolgreich
Ich lebe im Reichtum, Wohlstand und
Überfluss

Tabellenverzeichnis

Grafikverzeichnis

Bildverzeichnis

Bild 8:   Manfred Bogenschütz mit Glücksstein

Wo finden Sie weitere Informationen?

Die deutschen Lottogesellschaften im Internet:

www.lotto.de

www.lotto-bw.de

www.lotto-bayern.de

www.lotto-berlin.de

www.lotto-brandenburg.de

www.lotto-bremen.de

www.lotto-hh.de

www.lotto-hessen.de

www.lottomv.de

www.lotto-niedersachsen.de

www.westdeutsche-lotterie.de

www.lotto-rlp.de

www.saartoto.de

www.sachsenlotto.de

www.lottosachsenanhalt.de

www.lotto-sh.de

www.thueringenlotto.de

Weitere Internetlinks zu Lotto 6 aus 49:

www.dielottozahlende.net

www.tipp24.com

www.westlotto.de

www.tutsi.de

Weitere Bücher des Autors

Bogenschütz Manfred,
Glücklich Leben im Paradies Erde
Books on Demand GmbH, Norderstedt, 2008
ISBN 978-3-8370-2575-0, 156 Seiten, Preis: 20,- EUR

Atemberaubende und tatsächlich erlebte Ereignisse des Autors klingen wie Geschichten aus dem Märchenbuch. Übersichtliche und überschaubare Kapitel führen den Leser kurz und bündig in die Materie ein. Dabei werden die physikalischen Naturgesetze von Aktion = Reaktion und der Anziehung, wie unsere Gedanken als Wünsche im Universum erkannt und erfüllt werden, verständlich erklärt.

Durch Erfahrungsberichte wird die Theorie zum Schauplatz der Realität und der Autor stellt dar, wie er sein Leben mit negativen und positiven Ereignissen in ein „Glückliches Leben im Paradies Erde" führte. Durch Übungsbeispiele kann der Leser das Erlernte unmittelbar umsetzten.

Bogenschütz Manfred,
Wie finde ich meinen passenden Lebenspartner
Books on Demand GmbH, Norderstedt, 2009
ISBN: 978-3-8370-8784-0, 112 Seiten, Preis: 12,80 EUR

Dieses Buch ist Teil der Buchserie „Liebes Universum" und beschreibt verständlich anhand von Erfahrungen des Autors **„Finde Deinen passenden Lebenspartner"**

Erfahrungsberichte zeigen, dass durch die Kraft unserer Gedanken vieles möglich ist, was unerklärlich erscheint. Vergleichbar mit den Naturgesetzen aus der Physik wird erklärt, wie alles was wir aussenden geballt auf uns zurück kommt. So ziehen wir magisch an, was wir uns gedanklich wünschen. Negative Gedanken ziehen negative Ereignisse an, positive Gedanken positive Ereignisse. Wie Sie durch diese Kenntnis, welche in allen Büchern der Serie „Liebes Universum" ausführlich beschrieben ist, auch Ihren passenden Lebenspartner im Universum bestellen können, wird anhand vieler Beispiele und Einzelheiten gezeigt. Ein ganzheitliches glückliches Leben steht dabei im Vordergrund, damit unser Unterbewußtsein uns in allen Lebenslagen hilfreich zur Seite stehen kann.

Bogenschütz Manfred,

Wie denke ich mich Gesund

Books on Demand GmbH, Norderstedt, 2009

ISBN 978-3-8370-8998-1, 112 Seiten, Preis: 12,80 EUR

Dieses Buch ist Teil der Buchserie „Liebes Universum" und beschreibt verständlich anhand von Erfahrungen des Autors

„Denke Dich Gesund"

Erfahrungsberichte zeigen, dass durch die Kraft unserer Gedanken vieles möglich ist, was unerklärlich erscheint. Vergleichbar mit den Naturgesetzen aus der Physik wird erklärt, wie alles was wir aussenden geballt auf uns zurück kommt. So ziehen wir magisch an, was wir uns gedanklich wünschen. Negative Gedanken ziehen negative Ereignisse an, positive Gedanken positive Ereignisse. Wie Sie durch diese Kenntnis, welche in allen Büchern der Serie „Liebes Universum" ausführlich beschrieben ist, auch Ihre Gesundheit bzw. im Universum bestellen können bzw. Ihre Selbstheilungskräfte wecken, wird anhand vieler Beispiele und Einzelheiten gezeigt. Ein ganzheitliches glückliches Leben steht dabei im Vordergrund, damit unser Unterbewußtsein uns in allen Lebenslagen hilfreich zur Seite stehen kann.

Bogenschütz Manfred,

Ich verbessere Jetzt und Heute meine Beziehung

Books on Demand GmbH, Norderstedt, 2009

ISBN 978-3-8370-8785-7, 112 Seiten, Preis: 12,80 EUR

Dieses Buch ist Teil der Buchserie „Liebes Universum" und beschreibt verständlich anhand von Erfahrungen des Autors

„Verbessere Deine Beziehung"

Erfahrungsberichte zeigen, dass durch die Kraft unserer Gedanken vieles möglich ist, was unerklärlich erscheint. Vergleichbar mit den Naturgesetzen aus der Physik wird erklärt, wie alles was wir aussenden geballt auf uns zurück kommt. So ziehen wir magisch an, was wir uns gedanklich wünschen. Negative Gedanken ziehen negative Ereignisse an, positive Gedanken positive Ereignisse. Wie Sie durch diese Kenntnis, welche in allen Büchern der Serie „Liebes Universum" ausführlich beschrieben ist, auch Ihre Beziehung verbessern können, wird anhand vieler Beispiele und Einzelheiten gezeigt. Ein ganzheitliches glückliches Leben durch positives Denken und Handeln steht dabei im Vordergrund. Wenn unser Unterbewußtsein weiß was wir wollen kann uns das Universum in allen Lebenslagen helfen.

Bogenschütz Manfred,

Erfülle mir meine Wünsche

ooks on Demand GmbH, Norderstedt, 2009

ISBN 978-3-8370-8997-4, 112 Seiten, Preis: 12,80 EUR

Dieses Buch ist Teil der Buchserie „Liebes Universum" und beschreibt verständlich anhand von Erfahrungen des Autors

„Lass Dir Deine Wünsche erfüllen"

Erfahrungsberichte zeigen, dass durch die Kraft unserer Gedanken vieles möglich ist, was unerklärlich erscheint. Vergleichbar mit den Naturgesetzen aus der Physik wird erklärt, wie alles was wir aussenden geballt auf uns zurück kommt. So ziehen wir magisch an, was wir uns gedanklich wünschen. Negative Gedanken ziehen negative Ereignisse an, positive Gedanken positive Ereignisse. Wie Sie durch diese Kenntnis, welche in allen Büchern der Serie „Liebes Universum" ausführlich beschrieben ist, auch Ihre individuellen Wünsche im Universum bestellen können, wird anhand vieler Beispiele und Einzelheiten gezeigt. Ein ganzheitliches glückliches Leben steht dabei im Vordergrund, damit unser Unterbewußtsein uns in allen Lebenslagen hilfreich zur Seite stehen kann

Bogenschütz Manfred,

Meine Arbeit soll Spaß machen

Books on Demand GmbH, Norderstedt, 2009

ISBN 978-3-8370-8995-0, 112 Seiten, Preis: 12,80 EUR

Dieses Buch ist Teil der Buchserie „Liebes Universum" und beschreibt verständlich anhand von Erfahrungen des Autors

„Finde Deinen Traumjob"

Erfahrungsberichte zeigen, dass durch die Kraft unserer Gedanken vieles möglich ist, was unerklärlich erscheint. Vergleichbar mit den Naturgesetzen aus der Physik wird erklärt, wie alles was wir aussenden geballt auf uns zurück kommt. So ziehen wir magisch an, was wir uns gedanklich wünschen. Negative Gedanken ziehen negative Ereignisse an, positive Gedanken positive Ereignisse. Wie Sie durch diese Kenntnis, welche in allen Büchern der Serie „Liebes Universum" ausführlich beschrieben ist, auch Ihre Freude am Beruf im Universum bestellen können, wird anhand vieler Beispiele und Einzelheiten gezeigt. Ein ganzheitliches glückliches Leben steht dabei im Vordergrund, damit unser Unterbewußtsein uns in allen Lebenslagen hilfreich zur Seite stehen kann.

Bogenschütz Manfred,
Wie werde ich Reich
Books on Demand GmbH, Norderstedt, 2009
ISBN 978-3-8370-8999-8, 112 Seiten, Preis: 12,80 EUR

Dieses Buch ist Teil der Buchserie „Liebes Universum" und beschreibt verständlich anhand von Erfahrungen des Autors

„Denke Dich Reich"

Erfahrungsberichte zeigen, dass durch die Kraft unserer Gedanken vieles möglich ist, was unerklärlich erscheint. Vergleichbar mit den Naturgesetzen aus der Physik wird erklärt, wie alles was wir aussenden geballt auf uns zurück kommt. So ziehen wir magisch an, was wir uns gedanklich wünschen. Negative Gedanken ziehen negative Ereignisse an, positive Gedanken positive Ereignisse. Wie Sie durch diese Kenntnis, welche in allen Büchern der Serie „Liebes Universum" ausführlich beschrieben ist, auch Ihre finanzielle Verbesserung im Universum bestellen können, wird anhand vieler Beispiele und Einzelheiten gezeigt. Ein ganzheitliches glückliches Leben steht dabei im Vordergrund, damit unser Unterbewußtsein uns in allen Lebenslagen hilfreich zur Seite stehen kann.

Ich wünsche allen Lesern meiner Bücher viel Spaß beim Lesen und bei der Umsetzung aller Wünsche und Ziele viel Glück und Erfolg!

Manfred Bogenschütz

78

Entspannungs-CD's des Autors

CD 1

Autogene Entspannung mit Manfred Bogenschütz

Titel: 1. Autogene Entspannung 61:30 min

Kurzbeschreibung: Autogene Entspannung mit Klangschalenklängen und Sprache des Autors.

Bestell-Nr.: MB-2006-CD-01   Preis: 16,80 EUR

CD 2

Tiefenentspannung am Meer

Titel: 1. Tiefenentspannung am Meer 22:02 min, 2. Hilfe zur Selbstheilung 17:12 min, 3. Chakrenübung 17:53 min, 4. Einschlafentspannung 22:43 min

Kurzbeschreibung: Unterschiedliche Entspannungstitel mit Klangschalenklängen und Sprache des Autors.

Bestell-Nr.: MB-2006-CD-02   Preis: 16,80 EUR

CD 3

Tiefenentspannung

Titel: 1. Auf einer grünen Wiese 23:05 min, 2. Autogene Entspannung (Kurzversion von CD 1) 26:07 min, 3. Wunscherfüllung 20:28 min

Kurzbeschreibung: Unterschiedliche Entspannungstitel mit Klangschalenklängen und Sprache des Autors.

Bestell-Nr.: MB-2006-CD-03   Preis: 16,80 EUR

CD 4

Entspannungs-Begleit-CD zum Buch „Glücklich Leben im Paradies Erde"

Titel: 1. Wunscherfüllung 20:28 min 2. Selbstheilung 17:12 min, 3. Chakrenübung 17:53 min

Kurzbeschreibung: Unterschiedliche Entspannungstitel. Auszüge aus CD 2 und CD 3

Bestell-Nr.: MB-2008-CD-04   Preis: 16,80 EUR

Adresse des Autors und
Bestelladresse für Produkte des Autors

Dipl.-Ing.(FH) Manfred Bogenschütz

Steinenberg 11a

88699 Frickingen

Tel.: +49 (0) 7554 – 9 86 51 63

Fax: +49 (0) 7554 – 9 86 51 64

Email: Manfred@Bogenschuetz.eu

Homepage: www.Bogenschuetz.eu

Bild 9:   Autor dieses Buches, Dipl.-Ing.(FH) Manfred Bogenschütz,
Foto: www.rolandhuebler.de